개정판 1쇄 발행일 2022년 6월 30일
초 판 1쇄 발행일 2009년 9월 7일

지은이 박시룡·박대식
펴낸이 이원중

펴낸곳 지성사 **출판등록일** 1993년 12월 9일 **등록번호** 제10-916호
주소 (03458) 서울시 은평구 진흥로 68, 2층
전화 (02) 335-5494 **팩스** (02) 335-5496
홈페이지 www.jisungsa.co.kr **이메일** jisungsa@hanmail.net

ⓒ 박시룡·박대식 2009

ISBN 978-89-7889-501-9 (73490)

잘못된 책은 바꾸어 드립니다. 책값은 뒤표지에 있습니다.

생명을 사랑하는 어린이 문고 ❻

개정판
열려라!
양서류나라

박시룡·박대식 지음

지성사

들어가는 말

양서류는 물과 뭍을 오가며 살아가는 독특한 특징을 지닌 동물입니다. 그래서 두 장소 사이에서 일어나는 물질 순환과 에너지 순환의 대부분을 담당하는 중요한 위치를 차지하고 있습니다. 도롱뇽과 개구리로 대표되는 양서류는 발이 없는 무족영원류, 꼬리가 있는 도롱뇽과 같은 유미류, 꼬리가 없는 개구리와 같은 무미류로 이루어졌습니다.

세계자연보전연맹IUCN의 최근 발표에 따르면, 양서류가 전 세계적으로 감소하고 있으며, 멸종할 위험도 조류나 포유류에 비해서 훨씬 커지고 있다고 합니다. 국제적인 단체들은 물론이고, 여러 선진국들은 양서류 개체군의 변화를 지속적으로 감시하고, 멸종할 위험이 있는 종을 적극적으로 보존 및 복원하기 위해 노력하고 있습니다. 그러나 우리나라의 양서류 연구는 선진국에 비해서 매우 미흡한 상황입니다. 연구자의 수도 손가락으로 꼽을 정도로 적지요. 그래서 우리는 황소개구리

가 불러온 환경·생태적인 문제에도 잘 대처하지 못했습니다. 지난 50여 년 동안 황소개구리가 우리나라의 토종 개구리와 물고기, 뱀 등을 먹어 치우는 것을 지켜볼 수밖에 없었고, 대부분의 양서류가 심각하게 줄어드는 사실조차 모르고 있었지요.

양서류는 환경 변화에 매우 예민한 반응을 보이는 환경 지표종이자, 인간을 포함한 생태계를 지탱시켜 주는 중간자입니다. 양서류가 사라진다면 결국에는 우리의 삶도 보장받을 수 없을 것이 분명합니다. 지금이야말로 더 많은 사람들이 양서류에 관심을 갖고, 종을 관리하고 보존하기 위해 노력할 때입니다.

이 책은 1부와 2부로 구성되어 있습니다. '1부 양서류가 궁금해요'는 어린이부터 어른에 이르기까지 양서류에 대해 누구나 궁금해하는

점들을 질문하고 답하는 형식으로 구성했습니다. 양서류의 행동에 관해서는 되도록 예를 들어서 설명하는 등 쉽게 풀어쓰려고 노력했습니다. '2부 우리나라에 사는 양서류'에서는 풍부한 사진과 함께 우리나라에 사는 모든 도롱뇽과 개구리의 특징과 행동, 한살이, 유생과 알의 특징 등에 대해서 소개했습니다.

이번 개정판에서는 각 종들의 분포 지역을 최신 자료로 보완하였으며, 특별히 2012년과 2014년의 유전학적 분류 연구 결과를 반영하여 이전의 '꼬리치레도롱뇽'을 '한국꼬리치레도롱뇽'으로, '북방산개구리'를 '큰산개구리'로 이름을 변경하였습니다. 아울러, 각각 2016년과 2019년의 종 분류 연구 결과, 국내 신종으로 기재된 유미류인 '꼬마도롱뇽'과 무미류인 '노랑배청개구리'를 종 목록에 포함하여 생태 특징과 분포 지역 등을 설명하였습니다.

　이 작은 책이 만들어지기까지 많은 사람의 노력이 있었습니다. 책에 실린 귀중한 사진들을 제공해 준 문광연 님, 백혜준 박사, 마사토 하스미 교수, 말블리 웨이크 교수, 마이클 포젠, 네이트 코헨, 마리오 가르시아 페리스에게도 감사를 드립니다. 특별히 자료 수집과 야외 조사에서 많은 도움을 준 이정현 박사, 엄준호 박사, 김일훈 박사, 장한진 님, 박재진 님에게 고마움을 표합니다. 마지막으로 흔쾌히 책을 출판해 주신 지성사 이원중 대표님께 감사를 드립니다.

　양서류는 우리와 함께 지구 생태계 안에서 살아가는 소중한 생명체입니다. 사람이 아름답듯이 양서류 역시 양서류만의 아름다움을 가지고 있습니다. 그 아름다움을 보고, 느끼고, 사랑한다면 우리의 삶이 두 배로 아름다워지지 않을까요?

박시룡 · 박대식

차례

들어가는 말 4

1부 양서류가 궁금해요

01 양서류는 어떤 동물인가요? 14
02 양서류는 어떻게 생겼어요? 19
03 양서류의 한살이가 궁금해요 21
04 개구리는 어디에 사나요? 24
05 도롱뇽과 도마뱀은 어떻게 다른가요? 29
06 개구리와 두꺼비는 어떻게 다른가요? 33
07 야외에서 양서류 구별하기 37
08 우리나라에 새로운 도롱뇽이 나타났다고요? 39
09 세상에서 가장 큰 개구리와 가장 큰 도롱뇽은? 42
10 양서류의 알은 어떤 모양인가요? 46

11 올챙이는 어디로 숨을 쉬나요? 49
12 개구리의 귀는 어디에 있나요? 52
13 금개구리 등에 있는 금줄은 정말 금인가요? 54
14 양서류는 어떻게 번식하나요? 56
15 끌어안고 있는 개구리를 봤어요! 60
16 개구리는 소리꾼과 들러리가 있어요 64
17 비 올 때 개구리가 더 시끄럽게 운다고요? 68
18 양서류도 새끼를 돌보나요? 71
19 양서류는 추운 겨울을 어떻게 지내나요? 76
20 양서류는 먹이를 어떻게 먹나요? 79
21 도롱뇽 유생은 자기들끼리 잡아먹는대요! 83
22 양서류도 물을 마시나요? 86
23 양서류는 자기 몸을 어떻게 보호하나요? 89
24 양서류는 물의 진동을 느낄까요? 92
25 개구리나 도롱뇽은 왜 허물을 벗나요? 94
26 양서류는 얼마나 오래 사나요? 97
27 양서류의 독은 소중한 자원이래요 99
28 양서류는 어디에서 관찰할 수 있나요? 102
29 생태계에서 양서류가 차지하는 위치 104
30 양서류가 환경 지표종이라고요? 107
31 줄어드는 양서류 110
32 깨끗한 게 좋아요~ 한국꼬리치레도롱뇽 113

33 생태계를 위협하는 황소개구리 116
34 로드킬과 생태 이동 통로 119

아하!

양서류의 조상 18

양서류의 갈비뼈 20

아무르장지뱀 32

허파가 없는 개구리? 41

양서류의 독은 박테리아가 만들었다! 55

털 있는 개구리가 있다고요? 59

맹꽁이는 정말 맹꽁맹꽁 하고 우나요? 70

수컷 도롱뇽의 꼬리가 에너지 저장소라고요? 75

개구리에게서 배우는 생명의 신비 78

동종포식 85

피부로 안다! 88

수분유지개구리 96

개굴개굴 개구린 단백질 101

환경호르몬 109

〈생태계 교란 야생 동·식물〉이 뭔가요? 118

산개구리 비교 150

2부 우리나라에 사는 양서류

꼬리가 있는 양서류

① 도롱뇽 124
② 고리도롱뇽 126
③ 제주도롱뇽 128
④ 꼬마도롱뇽 130
⑤ 한국꼬리치레도롱뇽 132
⑥ 네발가락도롱뇽 135
⑦ 이끼도롱뇽 137

꼬리가 없는 양서류

① 큰산개구리 140
② 계곡산개구리 143
③ 한국산개구리 146
④ 무당개구리 154
⑤ 두꺼비 157
⑥ 물두꺼비 160
⑦ 참개구리 163
⑧ 청개구리 166
⑨ 수원청개구리 169
⑩ 노랑배청개구리 171
⑪ 맹꽁이 173
⑫ 금개구리 176
⑬ 황소개구리 180
⑭ 옴개구리 184

찾아보기 188

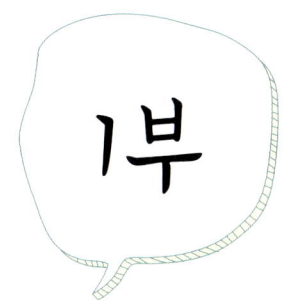

1부

양서류가 궁금해요

01 양서류는 어떤 동물인가요?

양서류란 다리가 넷인 척추동물 가운데 물과 뭍 양쪽을 오가며 생활하는 동물들을 가리킵니다.

물고기는 물에 살지요? 그런데 물고기를 비롯한 어류는 발이 없고 물속에서만 살기 때문에 양서류가 아닙니다. 도마뱀과 같은 파충류는 어떤가요? 네발을 가졌지만 물속에서 생활하지 않지요? 조류나 포유류도 마찬가지입니다. 두 발을 가졌거나 물과 뭍을 오가며 살지 않기 때문에 양서류가 아닙니다.

대부분의 양서류는 물속에 알을 낳습니다. 한편 파충류나 조류, 포유류는 뭍에 알을 낳지요. 물속과 뭍의 환경은 달라서 양서류가 뭍

에 알을 낳을 경우 물기가 부족해 태아가 말라 죽을 위험이 있습니다. 그래서 파충류나 조류, 포유류는 양막 안에 양수를 담아 그 안에 태아를 보호합니다. 양막이 뭐냐고요? 양막은 '태아를 감싸고 있는 얇은 막'을 말하는데, 네발을 가진 동물 중에서 유일하게 양서류는 양막이 없습니다. 양서류는 물속에 알을 낳으니까 굳이 양막이 필요하지 않은 것이지요.

```
                    양서류
                      │
                  발이 있나요?
              ┌───────┴───────┐
             네              아니요
              │                │
         꼬리가 있나요?           │
          ┌───┴───┐             │
         네     아니요            │
          │       │              │
        유미류   무미류        무족영원류
        도롱뇽,  개구리,        무족영원
         영원    두꺼비
```

양서류는 유생에서 성체가 될 때 생김새가 크게 변합니다. 이러한 과정을 '변태'라고 합니다. 양서류는 다 자라기 전에는 물고기처럼 아가미로 호흡하다가 다 자라고 나면 파충류나 포유류처럼 허파를 이용해 호흡합니다. 물론 부분적으로는 피부로도 호흡을 하지요.

양서류를 나눌 때는 제일 먼저 '발이 있느냐 없느냐'를 따집니다. 발이 있다면 다시 '꼬리가 있느냐 없느냐'를 따지고요.

무족영원류(발이 없는 양서류 무리)

전 세계에 약 215종이 살고 있습니다. 중남미, 아프리카, 동아시아 열대우림의 진흙 속이나 논두렁, 밭두렁에 굴을 파고 그 속에서 살지요. 겉모습은 큰 지렁이와 비슷한데, 몸빛은 푸른빛과 회색을 띱니다.

보라무족영원(코스타리카, 마이클 포젠 촬영, 말블리 웨이크 교수 제공)

가봉무족영원(가나, 네이튼 코헨 촬영, 말블리 웨이크 교수 제공)

바나나무족영원(베트남, 마리오 가르시아 페리스 촬영, 말블리 웨이크 교수 제공)

몸길이는 약 30~70센티미터로, 뱀장어와 비슷한 크기입니다. 눈과 다리는 완전히 퇴화했거나 흔적만 남아 있습니다.

대개는 알을 낳지만, 알이 암컷의 몸 안에서 부화되어 새끼로 나오기도 합니다.

무미류(개구리와 같이 꼬리가 없는 양서류 무리)

전 세계에 약 7,372종이 살고 있습니다. 추운 극지방을 빼고는 지구 어디에서나 살고 있습니다.

몸 크기는 손톱만 한 것부터 35센티미터가 넘는 것까지 있습니다.

알 덩이를 낳는 무리, 알을 낳아 나뭇잎에 매달아 놓는 무리, 거품으로 집을 만들고 알을 낳는 무리, 고인 물속에 낳는 무리, 피부 속에 알을 낳는 무리 등이 있습니다. 무미류는 사는 곳이 넓기 때문에 알을 낳는 모습도 이처럼 다양합니다.

유미류(도롱뇽과 같이 꼬리가 있는 양서류 무리)

전 세계에 약 765종이 살고 있습니다. 물이 풍부하고 습도가 높은 늪이나 물웅덩이, 계곡 근처에서 삽니다.

몸은 약 5~15센티미터로 길고 납작합니다. 짧은 다리가 네 개이고 꼬리가 길며, 피부에 다양한 무늬가 있기도 합니다. 알을 낱개로 낳는 무리, 주머니에 담아 낳는 무리 등이 있습니다. 불도롱뇽은 암컷의 몸 안에서 알을 부화해 새끼를 낳기도 합니다.

양서류가 살기 위해서는 물과 뭍이 다 있어야 하고, 양쪽 다 양서류가 생활할 수 있는 조건에 맞아야 하기 때문에 양서류는 주변 환경의 변화에 매우 민감하게 반응합니다. 그래서 양서류를 '건강한 환경의 대변자'라고 하지요. 최근에는 환경 오염이나 지구의 온도 상승, 무분별한 개발과 양서류 포획 등으로 그 수가 줄거나 사라지는 종이 늘고 있습니다.

양서류의 조상

오늘날 전 세계에는 약 8,352종의 양서류가 살고 있다고 합니다. 과학자들은 화석 연구를 통해서 양서류의 조상이 약 3억 5천만 년 전에 나타났을 것으로 추측하고 있습니다.

02 양서류는 어떻게 생겼어요?

우리나라에 사는 양서류는 개구리와 같이 꼬리가 없는 무미류와 도롱뇽과 같이 꼬리가 있는 유미류가 있습니다.

개구리는 잘 뛸 수 있도록 앞다리에 비해 뒷다리가 발달했습니다. 그러나 도롱뇽의 앞다리와 뒷다리는 크기가 서로 비슷합니다.

우리나라에 사는 개구리와 도롱뇽은 모두 앞발가락이 네 개, 뒷발가락이 다섯 개입니다. 단, 북한에 사는 네발가락도롱뇽만은 예외로 앞발가락이 네 개, 뒷발가락도 네 개입니다.

참개구리　　　　　　　　　도롱뇽

개구리와 도롱뇽의 내부 기관

심장이나 허파, 창자와 같은 내부 기관은 개구리나 도롱뇽 모두 거의 비슷합니다. 심장 역시 공통적으로 2심방 1심실이지요.

그러나 대부분의 도롱뇽과 달리 한국꼬리치레도롱뇽이나 이끼도롱뇽은 허파가 퇴화되었다는 점이 특징입니다.

양서류의 갈비뼈

파충류, 조류, 포유류와 같은 척추동물과는 달리, 양서류는 갈비뼈가 발달되지 않은 것이 특징입니다.
갈비뼈는 원래 숨을 쉬는 데 중요한 구실을 하지요. 파충류나 조류, 포유류 등은 갈비뼈를 위로 올려서 숨을 들이쉬고, 다시 갈비뼈를 아래로 내려서 숨을 내쉽니다. 그러나 양서류는 목주름을 이용해 숨을 들이쉬고 내쉽니다. 그래서 다른 동물에 비해 갈비뼈가 잘 발달되어 있지 않지요.

03 양서류의 한살이가 궁금해요

양서류는 물과 뭍을 오가며 생활합니다. 기본적으로 대부분의 양서류는 물속에서 태어나며, 자란 뒤에는 뭍에서 생활합니다. 그리고 번식을 하기 위해서 다시 물을 찾지요.

물속에 낳은 무미류의 알이 부화하면 어미 개구리와는 모습이 완전히 다른 유생(올챙이)이 됩니다. 올챙이는 아가미로 호흡하며, 물속의 식물이나 작은 곤충을 먹고 살아갑니다. 시간이 지나면 뒷다리가 생기고, 앞다리도 생깁니다. 이때가 되면 올챙이는 꼬리가 줄어들면서 어미 개구리와 닮은 어린 개구리가 됩니다. 어린 개구리는 뭍에서 생활하며 2년에서 3년이 지나면 성체가 됩니다. 성체 개구리들은 번식기에는 물에서, 비번식기에는 냇가나 들에서 생활합니다.

개구리의 한살이

변태

유생

알

　　대부분의 유미류 역시 물속에 알을 낳습니다. 알이 부화하면 어미 도롱뇽과 모양이 비슷한 유생이 됩니다. 도롱뇽 유생은 아가미 호흡을 하고, 주로 작은 곤충들을 잡아먹으며 물속에서 생활합니다. 그러다가 아가미를 잃고 변태를 해서 어미와 같은 모양이 되는데, 이때부터 어린

도롱뇽으로 물에서 생활하게 됩니다. 물에서 2년에서 3년 정도를 보내면, 번식이 가능한 성체가 됩니다. 성체가 된 뒤 번식기에는 물에서 번식을 하며, 비번식기에는 다시 뭍으로 돌아가 생활합니다.

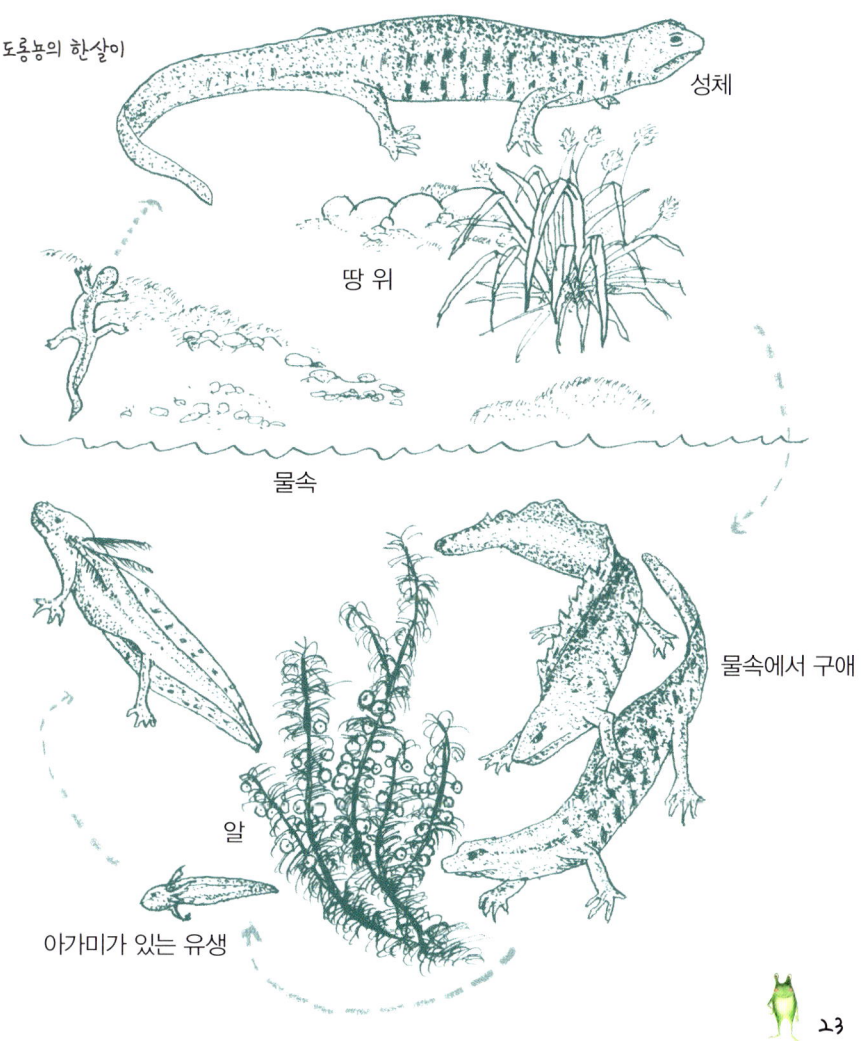

도롱뇽의 한살이

04 개구리는 어디에 사나요?

개구리와 같이 꼬리가 없는 양서류는 북극과 남극을 제외한 모든 대륙에 삽니다. 다시 말해 사람이 사는 곳이라면 어디든 살고 있다고 할 수 있지요. 그러니까 개구리가 살지 않는 지역은 북극이나 남극, 몇몇 사막 지역 등 다른 어떤 동물도 살 수 없는 지역이라고 말할 수 있습니다.

그렇다면 몸집도 작은 개구리들이 이렇게나 넓은 지역에서 살 수 있는 이유는 뭘까요? 그 이유는 크게 세 가지입니다.

 첫째, 뛰어난 이동 능력

개구리는 뒷다리가 유연하고 튼튼합니다. 그래서 자기 몸길이의

10배에서 20배나 되는 거리를 한 번에 뛸 수 있지요. 우리나라에 사는 청개구리나 참개구리도 보통 그 정도 거리를 뛸 수 있습니다.

개구리와 비교한다면 두꺼비는 뜀뛰기 실력이 조금 못합니다. 두꺼비는 한 번에 자기 몸길이의 2배에서 5배 정도의 거리를 뛸 수 있으니까요. 호주로켓개구리는 자기 몸길이의 25배 정도를 뛰고, 멀게는 자기 몸길이의 50배를 뛰기도 합니다.

한 번에 멀리 뛰는 것과는 조금 다른 얘기지만, 우리나라에 사는 황소개구리는 하룻밤에 2킬로미터가 넘는 거리를 이동한다고 합니다. 그런가 하면 갓 변태를 마친 어린 개구리는 자기가 태어난 곳에서 짧게는 500미터, 멀게는 몇 킬로미터까지 이동하는 것으로 알려져 있습니다. 개구리의 몸 크기를 떠올려 본다면 이러한 이동 능력은 다른 어떤 동물 무리와 비교해도 뒤지지 않습니다. 이처럼 멀리까지 이동하는 능력은 개구리가 넓은 지역을 서식지로 개척하는 데 중요한 요소로 작용했을 것입니다.

둘째, 다양한 번식 형태

기본적으로 개구리는 암컷이 물속에 알을 낳으면 그 알에 수컷이 정자를 뿌려서 수정하는 체외수정을 합니다. 그러나 체외수정이라고

피부에 알을 품은
수리남두꺼비

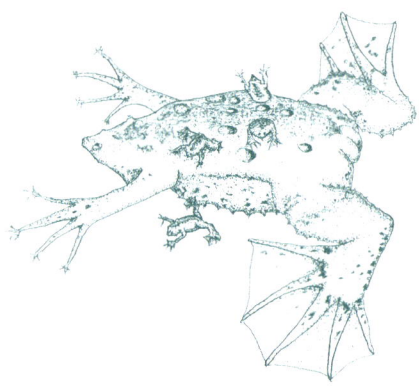

암컷 수리남두꺼비의
피부에서 나오는 새끼
두꺼비

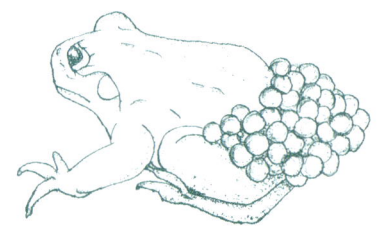

알을 등에 지고 다니는 수컷
이베리안산파두꺼비

해도 그 방법이 개구리마다 무척 다양합니다. 어디 한번 살펴볼까요?

아프리카아시안나무개구리는 물 위의 나뭇잎에 거품으로 집을 만들고 그 속에 알을 낳습니다. 시간이 지나 알이 부화되면, 거품으로 만들어진 집이 녹으면서 나뭇잎 위에 있던 올챙이들은 자연스럽게 그 아래에 있는 물로 떨어지는 것이지요.

수리남두꺼비는 알이 암컷의 피부 속에서 부화하고 자라는 것이 특징입니다. 시간이 지나면 어린 두꺼비가 암컷의 피부를 뚫고 태어나지요.

이베리안산파두꺼비는 수컷이 수정된 알을 등에 지고 다닙니다. 그러다가 알이 부화하기에 적당한 물을 만났을 때, 부화 중인 알을 내려놓습니다.

아마존에 사는 아마존알먹는나무개구리의 암컷은 영양알을 낳아 고립된 환경에서 자라나는 올챙이들에게 먹이로 줍니다. 영양알은 정자와 수정이 일어나지 않은 알(무정란)을 말합니다.

파충류나 조류, 포유류와 비교했을 때 양서류는 한배에 가장 많은 알을 낳습니다. 예를 들어 황소개구리는 한배에 1만 개가 넘는 알을 낳지요. 알을 많이 낳는다는 것은 그만큼 다양한 유전자를 가진 자손을 생산한다는 것을 의미합니다. 그리고 자손의 유전자가 다양하다는 사실은 양서류가 자신들의 생존에 부적합한 환경을 극복하는 데 큰 도움이 되었을 것입니다.

셋째, 생리적인 적응

우리나라에 사는 맹꽁이와 미국 애리조나사막에 사는 가래발두꺼비와 같은 몇몇 개구리들은 1년 중 대부분의 기간을 땅속에서 보냅니다. 그러다가 비가 오는 짧은 우기에는 땅속에서 나와 번식을 하고 영양분을 축적한 뒤 다시 땅속에서 시간을 보냅니다. 어떻게 이렇게 오랫동안 땅속에서 지낼 수 있는 걸까요?

정확하게 알려져 있지는 않습니다만, 일단 영양분과 물을 최대한 적게 쓰면서 자기 주위에 있는 흙에서 수분을 흡수하며 지낸다고 합니다. 이러한 능력이 사막과 같이 건조한 곳에서도 개구리가 생존할 수 있도록 했을 것입니다.

이것뿐만이 아니지요? 개구리는 추운 겨울을 나는 능력도 있습니다. 바로 겨울잠이지요. 대부분의 개구리들은 추운 겨울 동안 땅속에서 겨울잠을 잡니다. 우리나라에 사는 개구리들도 모두 겨울잠을 자는데, 개구리가 겨울잠을 자는 땅속이나 물속의 온도는 대략 섭씨 4도에서 10도 정도입니다.

비록 주위 온도가 섭씨 영하 3도에서 4도까지 내려가더라도 개구리들은 몸속에 글리세롤과 같은 특수한 화학 물질의 농도가 높아 혈액이나 체액이 얼지 않습니다. 그래서 아무리 추운 한겨울에도 개구리의 몸은 얼지 않지요.

05 도롱뇽과 도마뱀은 어떻게 다른가요?

 사람들이 도롱뇽과 도마뱀을 헷갈려 하는 가장 큰 이유는 둘 다 네발과 꼬리가 있고, 기어 다니기 때문일 겁니다. 그러나 도롱뇽과 도마뱀은 매우 다르고, 서로 명확하게 구별할 수 있습니다. 도롱뇽과 도마뱀의 같은 점과 다른 점을 알아볼까요?

움직임

도롱뇽과 도마뱀은 둘 다 네발이 있습니다. 그러나 도마뱀과 비교한다면 도롱뇽의 발과 꼬리가 훨씬 짧습니다. 그래서 도마뱀에 비해서 도롱뇽이 움직이는 속도가 훨씬 느리지요.

만약 길을 가다가 도롱뇽이나 도마뱀 비슷한 동물이 잽싸게 도망가는 것을 봤다면, 그 동물은 아마도 도마뱀일 것입니다. 왜냐하면 도롱뇽은 사람의 눈길을 따돌릴 정도로 빠르게 움직이지 못하니까요. 비번식기에는 대부분의 도롱뇽이 뭍에서 생활하는데, 주로 밤에 먹이를 잡고 이동합니다. 그래서 햇빛이 비치는 낮에 도롱뇽을 관찰하는 것은 거의 불가능합니다. 양서류를 연구하는 전문가들조차도 번식기가 아닌 시기에 야외에서 도롱뇽을 찾기는 매우 힘들지요.

피부

도롱뇽과 도마뱀의 피부는 매우 다릅니다. 양서류인 도롱뇽은 피부 호흡을 합니다. 그래서 피부가 축축하고 매끄럽습니다. 비늘도 없지요.

그런데 피부 호흡을 하지 않는 파충류인 도마뱀은 피부에 물기가 없습니다. 몸에서 수분이 증발하는 것을 막기 위해 오히려 온몸이 비늘로 덮여 있지요.

도롱뇽은 매우 습한 곳에서만 관찰할 수 있고, 도마뱀은 햇빛이 비치는 곳에서도 관찰할 수 있는 이유가 바로 여기에 있습니다.

냄새 맡기

도롱뇽과 도마뱀은 먹이를 찾거나 짝짓기를 하는 동안 매우 예민하게 냄새를 맡습니다.

　도롱뇽이든 도마뱀이든 일단 냄새를 맡기 위해서는 자기 주위에 퍼져 있는 냄새를 코안으로 끌어와야 합니다. 그렇게 하기 위해서 도롱뇽은 콧구멍으로 공기를 들이마십니다. 그런데 도마뱀은 혀를 내밀어 냄새 분자가 혀에 녹아들게 만들지요. 그런 다음 이것을 코안으로 이동시켜 냄새를 맡습니다.

　여러분의 눈앞에 있는 도롱뇽인지 도마뱀인지 구분이 잘 안 되는 동물이 혀를 자주 내밀고 있다면, 그것은 도롱뇽이 아닌 도마뱀이라는 뜻이지요. 도롱뇽의 혀는 사람이 힘을 주어 입을 벌려 보기 전에는 관

도마뱀

도롱뇽

찰할 수 없습니다.

　이렇게 뚜렷하게 차이가 나는데도, 많은 사람들이 도롱뇽과 도마뱀을 헷갈려 하는 이유는 뭘까요? 아마 제대로 관찰도 하지 않고 그저 양서류나 파충류가 징그럽다고만 생각해서 그럴 것입니다.

　겉보기에는 어떨지 몰라도 양서류나 파충류 무리에 속하는 동물들은 지구에 사는 어떤 동물과 견주어도 뒤지지 않을 만큼 아름답고 신비롭습니다. 우리와 같이 지구를 나누며 살아가는 양서류와 파충류에 대해 관심을 가져 보길 바랍니다.

아무르장지뱀

아무르장지뱀은 우리나라의 밭 근처나 야산에서 쉽게 발견할 수 있는, 발가락이 유난히 긴 도마뱀입니다. 성체의 몸길이는 보통 7~9센티미터이고, 꼬리는 10센티미터 정도입니다.

06 개구리와 두꺼비는 어떻게 다른가요?

 개구리와 두꺼비는 모두 꼬리가 없는 양서류, 즉 무미류에 속합니다. 그래서 개구리와 두꺼비는 닮은 점이 참 많습니다. 그렇지만 닮은 점이 많은 만큼 다른 점도 참 많지요. 이번 기회에 개구리와 두꺼비를 자세히 비교해 볼까요?

피부

피부가 부드럽고 매끈한가요? 아니면 거칠고 메마른가요? 개구리는 공기 중의 산소가 잘 녹아들어 갈 수 있게 피부가 축축하고 매끈합니다. 그러나 두꺼비는 피부를 통해 물이 증발해 빠져나가는 것을 막기 위해서 피부가 거칠고 메말라 있습니다.

큰산개구리

두꺼비

🐸 생김새

개구리와 비교하면 두꺼비는 몸에 비해 상대적으로 머리가 큽니다. 두꺼비는 개구리와 달리 눈 뒤쪽 피부에 볼록 튀어나온 귀밑샘이 있지요. 귀밑샘은 사람들이 흔히 두꺼비 독이 모여 있다고 말하는 곳인데요. 두꺼비는 생명이 위험하다고 느낄 때 귀밑샘에서 독을 내뿜습니다. 두꺼비의 독은 다른 동물들에게는 무서운 독입니다. 그러나 사람은 두꺼비 독이 피부에 닿더라도 크게 위험하지는 않습니다. 물론 피부에 별다른 상처가 없는 경우에만 그렇지요.

🐸 움직임

개구리와 두꺼비가 움직이는 모습은 매우 다릅니다.

일단 개구리는 뒷다리가 길고 유연하며, 물갈퀴가 있습니다. 두꺼비는 뒷다리가 굵고 짧으며, 물갈퀴가 없습니다. 이와 같은 생김새의 차이 때문에 개구리는 팔짝팔짝 뛰어다니며 부산하게 움직이고, 두꺼비는 엉금엉금 기어 다니는 것이지요.

🐸 알과 유생

개구리는 알을 낳을 때 큰 덩어리를 낳거나 몇 알씩 흩뿌려 낳습니다. 그런데 두꺼비의 알은 젤리 덩어리 같은 긴 줄 안에 들어 있어, 염주 알과 같은 모양입니다.

큰산개구리 알

두꺼비 알

알에서 나온 두꺼비 올챙이가 약간 검은색을 띠고 있기는 하지만, 개구리 올챙이와 두꺼비 올챙이는 생김새가 비슷해서 뚜렷이 구별하기는 어렵습니다.

 사는 곳

개구리가 살아가기 위해서는 물이 반드시 있어야 합니다. 그래서 개구리는 강이나 계곡 주변의 풀숲에서 주로 발견됩니다. 그러나 두꺼비는 물과 좀 더 떨어진 지역에서도 발견되지요. 두꺼비들은 종종 오래 묵은 논이나 밭두렁에 있는 돌 아래에서 발견되는데요. 이런 곳은 곤충과 같은 먹이가 풍부하고, 어느 정도 습기를 유지할 수 있지요.

두꺼비는 대체로 밤에 이동하고 먹이를 잡기 때문에 비번식기에는 관찰하기가 쉽지 않습니다. 다만, 비가 오는 날이나 매우 습한 날에는 종종 낮에도 관찰할 수 있습니다.

큰산개구리가 사는 곳

두꺼비가 사는 곳

07 야외에서 양서류 구별하기

 우리나라에는 도롱뇽, 고리도롱뇽, 제주도롱뇽, 꼬마도롱뇽, 한국꼬리치레도롱뇽, 이끼도롱뇽 이렇게 6종의 도롱뇽이 살고 있습니다. 그렇다면 어떻게 이 도롱뇽들을 구별할 수 있을까요?

겉모습이 크게 다른 무리는 쉽게 구별할 수 있습니다. 한국꼬리치레도롱뇽은 몸통보다 긴 꼬리와 발가락에 나 있는 검은색 발톱, 툭 튀어나온 눈 등으로 구별할 수 있습니다. 이끼도롱뇽은 상대적으로 작은 몸집과 가느다란 몸통, 발가락에 있는 물갈퀴 등 몇몇 특징들로 쉽게 구별할 수 있지요. 그렇지만 도롱뇽이나 고리도롱뇽, 꼬마도롱뇽, 제주도롱뇽을 구별하는 것은 쉽지 않아요.

가끔 주변 사람들이 휴대전화나 디지털 사진기로 올챙이를 찍어와 어떤 종의 올챙이인지 묻고는 합니다. 그럴 때마다 진땀을 빼지요. 물속에 있는 올챙이가 흐릿하게 찍힌 사진 한 장만으로 종을 가른다는 것은 양서류 전문가라 할지라도 거의 불가능한 일이거든요.

그러나 꼼꼼하게 관찰하는 습관이 밴 사람이, 사진을 찍은 때가 7월이고, 넓은 풀밭 사이에서 일시적으로 물이 고인 웅덩이에서 찍은 사진이라고 추가 정보를 말해 준다면 어떨까요? 그렇다면 사진 속의 올챙이는 청개구리 올챙이일 확률이 80퍼센트 이상입니다. 게다가 사진에 있는 올챙이의 눈이 몸통보다 밖으로 툭 튀어나와 있다면 99퍼센트 이상 청개구리 올챙이라고 말할 수 있습니다.

그러므로 겉모습이 비슷한 무리를 야외에서 보고 구분하기 위해서는 어떤 무리가 어느 지역에서 사는지, 활동하는 시기는 언제인지, 그 무리의 올챙이를 볼 수 있는 장소는 어디인지 등등의 지식을 미리 알고 있는 것이 중요합니다.

08 우리나라에 새로운 도롱뇽이 나타났다고요?

이끼도롱뇽은 우리나라에서 가장 최근에 발견된 도롱뇽입니다. 2005년 세계적으로 권위 있는 과학 잡지인 〈네이처Nature〉에 논문이 발표되면서 세상에 알려졌습니다.

이끼도롱뇽이 속하는 미주도롱뇽과의 도롱뇽들은 허파가 없는 것이 특징입니다. 그동안에는 아메리카의 넓은 지역과 이탈리아 북부의 몇몇 지역에서만 사는 것으로 알려져 있었지요.

이끼도롱뇽은 카슨(Karsen)이라는 미국 사람이 대전광역시에 있는 장태산에서 아이들과 함께 처음 발견했습니다. 전문적인 연구는 인하대학교 생물학과 민미숙 박사님과 양서영 교수님 그리고 미국의 캘리포니아 버클리대학교 데이비드 웨이크 교수님이 함께 진행하셨고요.

이끼도롱뇽

　이끼도롱뇽은 허파가 없어서 대부분의 호흡을 피부 호흡에 의존합니다. 그래서 산간 계곡의 바위 밑이나 이끼가 많아서 수분이 풍부한 곳에 삽니다. 이런 특징 때문에 이끼도롱뇽이라는 이름을 갖게 된 것이기도 하지요.

　이끼도롱뇽은 우리나라에 사는 도롱뇽 중에서 크기가 가장 작습니다. 코끝에서 총배설강 끝까지의 길이가 겨우 3~4센티미터밖에 안 되니까요. 총배설강이란 소화관과 오줌관, 생식관이 하나로 합쳐진 공간을 말합니다. 총배설강이 있는 양서류는 똥, 오줌, 정자(또는 난자)가 모두 하나의 구멍을 통해 몸 밖으로 나오지요.

　이끼도롱뇽의 등에는 누런 갈색이나 붉은색 줄무늬가 있습니다. 또 발가락 사이에 작게나마 물갈퀴가 발달해 있는 것은 이끼도롱뇽의 특징이지요.

　이끼도롱뇽의 번식이나 생태에 관해서는 아직까지도 잘 알려져 있지 않습니다. 다만, 속리산국립공원과 월악산국립공원을 비롯한 우리나라 중부 지역에 40~50개의 개체군이 존재하는 것으로 알려졌습니다.

이끼도롱뇽 성체(사진 제공: 장환진)   전형적인 서식지(사진 제공: 장환진)

또한 최근 유전자 서열을 이용하여 종을 분류하면서, 추가적인 도롱뇽 종으로 꼬마도롱뇽, 거제도롱뇽, 남방도롱뇽, 숨은의령도롱뇽이 제안되었습니다. 이들은 모두 전라남도와 경상남도의 남부 지방에서 발견되었습니다. 2016년에 발표되어 현재 국내 종으로 지위를 명확히 획득한 꼬마도롱뇽은 뒤의 양서류 종 목록에서 좀 더 상세하게 다루었습니다.

허파가 없는 개구리?

허파 없는 도롱뇽처럼, 2008년 4월에 허파 없는 개구리가 인도네시아 보르네오섬에서 최초로 발견되었습니다. 이 개구리를 처음 발견한 사람은 싱가포르대학교의 데이비드 빅포드 교수님으로, 개구리를 해부하다가 허파가 없다는 것을 우연히 알게 되었습니다. 이 개구리는 크기가 약 4센티미터, 몸무게는 6.5그램 정도이며, 깨끗하고 차가운 개울에서 산다고 합니다. 허파가 없기 때문에 이 개구리들은 100퍼센트 피부를 통해서 호흡을 합니다.

09 세상에서 가장 큰 개구리와 가장 큰 도롱뇽은?

개구리와 같이 꼬리가 없는 양서류, 즉 무미류의 크기는 1센티미터에서 35센티미터에 이르는 등 매우 다양합니다.

우리나라에 사는 개구리 중에서 가장 큰 개구리는 황소개구리입니다. 황소개구리의 몸길이는 20센티미터가 넘고, 몸무게도 1킬로그램이 넘습니다. 황소개구리는 자기와 같은 무리의 개체는 물론이고, 물뱀이나 유혈목이와 같은 토종 뱀도 잡아먹는다고 알려져 있습니다.

우리나라에 사는 개구리 중에서 가장 작은 개구리는 청개구리입니다. 청개구리의 몸길이는 2.5센티미터에서 4센티미터 정도이며, 몸무게는 약 30그램 정도입니다.

그렇다면 세상에서 가장 큰 개구리는 어떤 개구리일까요? 정답은 아프리카의 카메룬에 사는 골리앗개구리입니다. 골리앗개구리는 울창한 열대우림이나 크고 물살이 빠른 강가에서 삽니다. 이 녀석들은 너무나 커서 보통 사람 눈에는 '괴물 개구리'처럼 보일 정도입니다. 주둥이 끝부터 총배설강까지의 길이가 31센티미터가 넘고, 다리를 펴면 전체 길이가 76센티미터가 넘는 데다 몸무게는 3.2킬로그램까지 나가니까요.

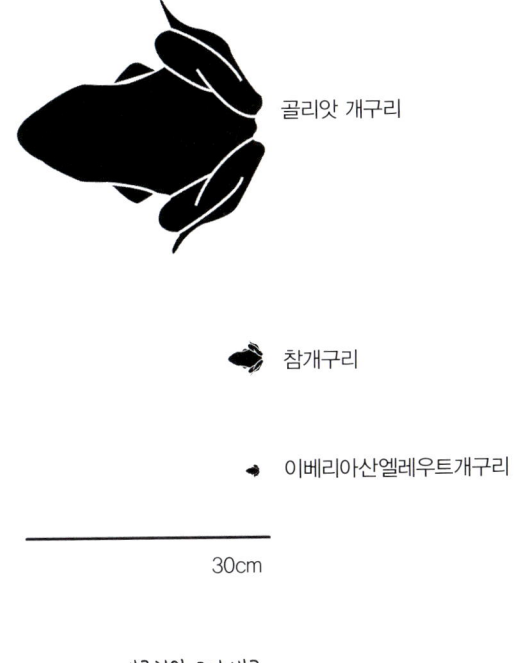

개구리의 크기 비교

세상에서 가장 작은 개구리는 크기가 약 8.5밀리미터인 이베리아산엘레우트개구리로, 1996년에 쿠바의 이베리아산에서 처음 발견되었습니다. 등에 작은 주황색 줄무늬가 있는 이 개구리는, 습한 열대우림에 사는 식물의 뿌리 주변과 낙엽 아래에서 발견되었다고 하는군요. 이 개구리는 크기가 너무 작아서, 자기 이름을 나타내는 글자의 길이가 오히려 실제 개구리의 몸길이보다 훨씬 길다는 점이 재미있습니다. 크기가 작은 또 다른 개구리로는 브라질금개구리가 있는데, 이 개구리의 몸길이는 9밀리미터 정도입니다. 남아메리카에서 발견되는 몇몇 독개구리들 역시 그 크기가 1센티미터 이하라고 합니다.

한편 세상에서 가장 큰 도롱뇽은 거대도롱뇽과에 속하는 도롱뇽으로 미국 중동부와 중국, 일본에 사는 3종이 알려져 있습니다. 일본에 사는 일본거대도롱뇽은 크기가 1.8미터나 되고, 몸무게는 63킬로그램이나 된다고 합니다. 이들은 주로 물속에서 생활합니다. 학자들은 일본거대도롱뇽의 아가미가 퇴화한 것으로 보아 아가미 대신 주름진 피부를 통해 물속에 녹아 있는 산소를 이용할 것이라고 짐작합니다. 거대도롱뇽과에 속하는 종들은 멸종 위기종으로 보호받고 있으며, 대부분 규모가 큰 사육시설에서 보호받으면서 관리되고 있습니다.

세상에서 가장 작은 도롱뇽은 멕시코의 습한 산속에 사는 나무작은도롱뇽입니다. 나무작은도롱뇽은 허파가 없는 미주도롱뇽과에 속하는 종으로, 머리부터 꼬리 끝까지의 길이가 1.7센티미터밖에 되지 않습니다.

참고로 우리나라에 사는 가장 큰 도롱뇽은 한국꼬리치레도롱뇽이고, 가장 작은 도롱뇽은 이끼도롱뇽입니다.

거대도롱뇽

한국꼬리치레도롱뇽

나무작은도롱뇽

30cm

도롱뇽의 크기 비교

10 양서류의 알은 어떤 모양인가요?

양서류의 알은 바깥쪽에 한 층 또는 두 층으로 된 젤라틴 막이 있는 것이 특징입니다. 알을 둘러싼 이러한 층은 알이 산란된 뒤로부터 몇 시간 안에 물을 흡수해서 탱탱하게 변합니다.

그렇다면 양서류 알이 젤라틴 막에 싸여 있는 이유는 뭘까요? 젤라틴 막은 외부의 충격을 흡수하고, 알이 마르는 것을 방지합니다. 또 포식자로부터 알을 보호하는 기능도 합니다. 더불어 여러 가지 질병에 걸리지 않도록 방어막 구실도 하지요.

양서류가 알을 낳는 유형은 다양하지만, 크게 알을 하나씩 낳는 경우, 알을 몇 개씩 뭉쳐서 낳는 경우, 포도송이 같은 덩어리로 낳는

경우, 긴 주머니에 담아서 알을 낳는 경우로 나눌 수 있습니다.

우리나라에 사는 종 가운데 알을 하나씩 낳는 종으로는 무당개구리와 맹꽁이가 있습니다.

알을 몇 개씩 낳는 종으로는 옴개구리, 금개구리, 청개구리가 있지요.

알을 덩어리로 낳는 종은 큰산개구리, 계곡산개구리, 한국산개구리, 참개구리, 황소개구리 등이 있습니다.

긴 주머니에 알을 담아서 낳는 종으로는 두꺼비와 물두꺼비 그리고 도롱뇽 무리가 있습니다. 두꺼비는 길게 두 줄로 된 알을 낳습니다.

우리나라에 사는 도롱뇽은 바나나 모양의 두 줄로 된 주머니에 알을 낳습니다.

이끼도롱뇽이 어떤 모양으로 알을 낳는지에 대해서는 명확히 알려져 있지 않습니다. 그러나 최근의 예비 연구에 따르면 이끼도롱뇽이 속한 미주도롱뇽 무리처럼 몇개의 알을 땅 위에 낳거나 물체에 붙여 낳는 것으로 보입니다.

일단 산란한 알은 물속에서 자유롭게 있거나 다른 물체에 붙어 있습니다.

큰산개구리, 한국산개구리, 무당개구리, 참개구리 등의 알은 물속에 떠 있습니다. 옴개구리의 알은 약 10개 단위로 물풀에 붙어 있고요. 금개구리와 청개구리는 끈적끈적한 알을 물풀 사이에 낳습니다. 그래

큰산개구리 알
계곡산개구리 알
도롱뇽 알
이끼도롱뇽 알 (사진 제공: 문광연)

서 알이 물풀에 딱 붙어 있는 것은 아니지만 어느 정도 물풀에 고정되어 있는 효과를 누립니다.

계곡산개구리는 알 덩어리를 흐르는 물에 낳습니다. 알 덩어리가 떠내려가지 않도록 바위나 돌에 단단하게 붙여 알을 낳지요. 도롱뇽은 알이 든 주머니 한 쌍을 낳아 그 끝을 돌이나 나뭇가지에 붙여 놓습니다.

대부분의 양서류 무리는 물이 고여 있는 곳에 알을 낳는데, 큰산개구리와 계곡산개구리는 물이 흐르는 곳에도 알을 낳습니다.

11 올챙이는 어디로 숨을 쉬나요?

양서류의 유생은 기본적으로 아가미로 호흡합니다. 성체가 되면 아가미가 퇴화하고 허파가 발달하면서 폐(허파) 호흡으로 바뀌지요. 그러나 머드퍼피나 엑소로톨 같은 도롱뇽 무리는 성체가 되어서도 유생 시기의 특징인 아가미가 있으며, 아가미 호흡을 계속하기도 합니다.

개구리 유생인 올챙이 역시 아가미를 이용해서 호흡합니다. 알이 처음 발생할 때는 아가미를 볼 수 있지만, 발생이 더 진행되면서 피부가 아가미를 둘러싸기 때문에 아가미가 보이지 않게 되지요. 반면 도롱뇽의 유생은 외부 아가미가 있어서 쉽게 관찰할 수 있습니다.

다만, 이러한 아가미에서 물이 빠져나오는 구멍인 기문은 올챙이

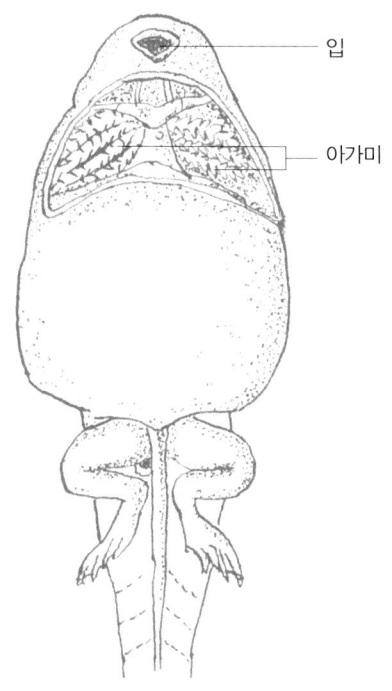

올챙이는 피부 속에 아가미가 있습니다.

의 가슴 부근에서 찾을 수 있습니다.

올챙이가 아가미 호흡을 하는 과정을 좀 더 자세히 살펴볼까요?

일단 올챙이가 입을 벌리면 입 안의 부피가 커지고 이때 입 안의 압력은 낮아집니다. 그러면 물이 자연스럽게 입 안으로 들어오게 되지요. 그런 다음, 올챙이가 입과 콧구멍을 막으면서 입을 닫아 입 안의 공간을 줄이면 물은 기관지를 지나서 아가미로 이동합니다. 이곳에서 물속에 녹아 있는 산소는 올챙이의 모세혈관으로 흡수됩니다. 만약 올챙이 입 가까이에 잉크를 한 방울 떨어뜨려 보면 잉크가 기문으로 흘러나오는 것을 쉽게 확인할 수 있습니다.

참고로, 도롱뇽 유생들은 일반적으로 외부 아가미가 3~5쌍 있습니다. 도롱뇽 유생의 입으로 들어온 물은 아가미를 통해서 빠져나가며, 이때 아가미의 내부를 흐르는 작은 혈관들 안으로 산소가 이동해서 호흡이 이루어집니다.

무족영원류의 유생 역시 아가미로 호흡하는데, 무족영원류의 아가미는 그 길이가 10센티미터 정도로 도롱뇽 아가미에 비해 상대적으로 깁니다.

종종 유미류나 무족영원류에서 유생이 아닌 어린 개체가 바로 태어나기도 합니다. 그렇지만 이 경우에도 알이 부화되기 전까지는 알 속에서 아가미로 호흡을 합니다.

12 개구리의 귀는 어디에 있나요?

　　　도롱뇽이 내는 소리를 들어 본 적이 있나요? 개구리 울음소리밖에 못 들어 봤다고요? 도롱뇽과 같은 유미류나 무족영원류도 소리를 내기는 합니다. 그러나 이들이 내는 소리는 신호 수단으로 이용되는 경우가 드물고, 소리 또한 작습니다.

　　개구리와 같이 꼬리가 없는 양서류는 소리를 이용하여 세력권을 과시하고 짝을 유혹합니다. 암수 모두 청각이 잘 발달되어 있고, 대부분 수컷이 소리를 냅니다. 드물게 암수 모두 소리를 내는 종도 있습니다.

　　개구리들은 자기와 같은 종이 내는 소리와 다른 종이 내는 소리를 구별할 수 있습니다. 또 같은 종 안에서도 수컷이 다른 수컷들과 경쟁하기 위해서 내는 소리와 암컷을 유혹하기 위해서 내는 소리도 구별

할 수도 있지요. 같은 종이라고 해도 지역에 따라서 소리의 형태나 주파수 등이 다릅니다. 그렇기 때문에 같은 지역에 사는 수컷의 소리에 대해서는 같은 지역에 사는 암컷이 다른 지역에서 온 암컷보다 더 잘 반응하는 것으로 알려져 있습니다.

사람의 귀는 귓바퀴가 있고 그 안쪽 깊숙한 곳에 고막이 있지요? 그런데 사람과 달리 개구리는 귓바퀴가 없어서 고막이 그대로 바깥에 드러나 있습니다. 개구리를 자세히 살펴보면 눈 뒤쪽에 있는 고막을 발견할 수 있습니다.

금개구리 고막

황소개구리 고막

13. 금개구리 등에 있는 금줄은 정말 금인가요?

　　피부색이 다양한 양서류는 마치 마술사 같습니다. 양서류는 노란색, 주황색, 붉은색과 같은 다양한 색깔을 띠기도 하고, 주변 환경에 따라 색깔을 바꿀 수도 있습니다. 피부에 있는 색소 덕분에 이러한 일들이 생긴답니다.

　　금개구리는 특이하게도 등에 금색으로 된 줄이 있습니다. 그런데 이것은 금반지나 금목걸이를 만드는 금하고는 전혀 다릅니다. 금개구리의 금줄은 피부의 색소들이 모인 것인데, 이 색소들이 햇빛을 반사해서 우리 눈에 금색으로 보이는 것입니다.

　　개구리의 피부는 다양한 기능을 합니다. 먼저 외부

금개구리의 금줄

로부터 몸을 보호해 상처가 나거나 병에 걸리는 것을 막아 줍니다. 또 양서류는 피부로 호흡을 하기도 하지요. 그 밖에도 양서류의 피부는 물을 흡수하거나 증발시키기도 하고, 색깔을 바꾸어 체온을 유지하기도 합니다. 그런가 하면 주위 배경에 맞추어 다양한 색으로 변신해 위장하기도 하고, 상대방에게 '나는 독이 있어!' 하고 경고를 보낼 수도 있습니다.

갈색만텔라개구리의 등줄

또 양서류는 피부를 통해 점액이나 독을 분비합니다. 끈적끈적한 점액은 습기를 유지하며, 숨을 쉬거나 체온을 유지하는 데 중요한 역할을 합니다. 더불어 박테리아나 곰팡이 등으로부터 몸을 보호하고, 물속에 들어갔을 때 생기는 마찰력을 줄여 주기도 하지요. 어떤 양서류는 피부에 있는 독샘에서 테트로도톡신이라고 불리는 무서운 독을 분비하기도 합니다. 테트로도톡신은 복어의 독과 같은 것입니다.

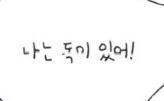

나는 독이 있어!

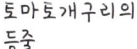

토마토개구리의 등줄

■ **양서류의 독은 박테리아가 만들었다!**

아하!

양서류의 독은 양서류가 만든 것이 아닙니다. 양서류가 먹은 박테리아의 독이지요. 박테리아의 독은 먹이사슬을 따라서 이동하는데, 양서류는 그 독을 피부에서 분비합니다.

55

14 양서류는 어떻게 번식하나요?

양서류는 크게 몸 바깥에서 정자와 난자가 수정하는 (체외수정) 종류와 몸 안에서 수정하는(체내수정) 종류로 나뉩니다.

개구리와 같은 무미류는 99퍼센트 이상 체외수정을 합니다. 반면 도롱뇽과 같은 유미류는 90퍼센트 이상 체내수정을 하는데, 우리나라와 중국, 일본, 러시아에 사는 대부분의 도롱뇽들만 예외적으로 체외수정을 합니다.

 체외수정을 할 때는

암컷이 알이나 알 주머니를 낳으면 수컷이 그 위에 정자를 뿌려

수정합니다. 암컷이 낳은 알은 몇 분에서 몇 시간 안에 수정되지 않으면 수정 능력을 잃어버립니다. 보통은 암컷 한 마리가 낳은 알에 수컷 한 마리의 정자가 수정되는데, 가끔 같은 알을 두고 여러 마리의 수컷이 동시에 경쟁하는 바람에 수컷 여러 마리의 정자로 수정되는 일이 생기기도 합니다.

체외수정을 할 때 성공률을 높이기 위해서 수컷은 여러 가지를 확인해야 합니다. 먼저 암컷이 알을 낳는 때를 알아야 하고, 암컷이 알을 낳을 때 가까이 있어야 하지요. 그래서 체외수정을 하는 양서류의 수컷은 암컷이 언제 알을 낳는지를 알기 위해 암컷의 시각적·화학적 신호에 민감하게 반응합니다.

체내수정을 할 때는

수컷이 자신의 정자를 담은 정자주머니를 바닥에 놓으면, 암컷은 자신의 총배설강을 이용해 정자를 몸 안으로 빨아들이고, 이것을 저장했다가 나중에 알을 낳을 때 정자를 꺼내어 수정시킵니다.

체내수정의 경우에, 암컷은 수컷의 정자를 저장할 수 있기 때문에 여러 마리의 수컷과 짝짓기할 시간적인 여유를 가질 수 있습니다. 그래서 암컷은 수컷을 매우 신중하게 선택하고, 일단 짝짓기를 했더라도 그보다 더 나은 수컷을 만나면 또다시 짝짓기를 하기도 합니다.

그렇다면 수컷의 입장은 어떨까요? 수컷이 번식에 성공하느냐 실패하느냐는 암컷에게 달려 있습니다. 수컷이 낳은 정자주머니를 암컷이 자신의 몸 안으로 넣을 것인가, 넣지 않을 것인가! 그래서 수컷은 암컷이 자신의 정자주머니를 받아들이도록 정성을 다해 유혹합니다.

앞에서도 말했듯이 대부분의 무미류가 체외수정을 합니다. 그런데 특이하게도 미국의 북서부와 캐나다의 남서부 지역에 사는 꼬리개구리는 체내수정을 합니다. 수컷 꼬리개구리의 총배설강은 몸 바깥으로 쑥 나와 있습니다. 언뜻 보면 꼬리가 난 것처럼 보입니다. 그래서 이름이 꼬리개구리입니다.

꼬…리… 아냐?

꼬리개구리는 물살이 매우 빠르고 찬 개울에 살기 때문에 몸 바깥에서 수정하는 것이 거의 불가능하지요. 수컷 꼬리개구리는 암컷과 짝짓기를 할 때 꼬리처럼 생긴 총배설강을 이용해 자신의 정자를 암컷의 몸 안으로 전달합니다.

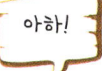

■ 털 있는 개구리가 있다고요?

아프리카에 사는 털개구리는 번식기가 되면 털이 생깁니다.
번식기에 수컷 털개구리는 암컷을 유혹하고 다른 수컷들과 경쟁하기 위해 많은 에너지를 씁니다. 그런데 털개구리는 몸집이 비슷한 다른 개구리들에 비해서 허파가 작아 번식기에는 허파에서 공급하는 산소만으로는 충분하지 않습니다. 그래서 부족한 산소를 더 공급받기 위해 개구리의 양 옆구리와 사타구니, 허벅지 주변에 산소를 흡수할 수 있는 작은 모세관들이 아가미와 비슷한 모양으로 자라납니다. 여기저기에 자라난 모세관이 마치 다리에 털이 난 모습과 비슷하지요. 그래서 이름도 털개구리가 되었습니다.

15 끌어안고 있는 개구리를 봤어요!

　　　　　　체외수정을 하는 무리는 암컷이 알을 낳으면 수컷이 정자를 뿌려서 수정을 합니다. 이때 수컷은 암컷이 알을 낳는 순간을 놓치지 않고 가장 가까이에서 알에 정자를 뿌리기 위해서 암컷을 끌어안습니다. 이것을 포접이라고 하지요. 포접을 통해서 암컷을 신체적으로 자극하여 알의 발달을 촉진하기도 하고, 배를 누르는 힘으로 알이 잘 나오게 하는 것으로 알려져 있습니다. 체내수정을 하는 몇몇 유미류 종도 포접을 한다고 합니다.

　일단 한 쌍이 포접을 했다고 하더라도 포접을 하지 못한 녀석들이 포접한 암수를 떼어 놓기 위해서 경쟁합니다. 이런 경쟁은 두꺼비한테서 쉽게 관찰할 수 있습니다. 대개 네다섯 마리의 수컷이 암컷과 포접

한 수컷 한 마리를 떼어 내기 위해서 경쟁하지요. 이 경우 포접한 수컷은 뒷발로 접근하는 수컷 두꺼비를 찹니다. 또 앞발로는 암컷을 더욱 세게 껴안지요. 수컷의 경쟁이 심할 때는 수컷이 너무 세게 껴안아 암컷이 숨 막혀 죽기도 합니다. 경쟁에서 이겼다고 생각한 수컷은 암컷이 죽은 줄도 모르고 계속 포접하고 있는 경우도 있지요. 그래서 야외에서는 가끔 죽은 암컷을 포접하고 있는 개구리를 볼 수 있습니다. 이 때 나뭇가지로 수컷을 건드리면 죽은 암컷을 더욱 강하게 포접하는 것을 관찰할 수 있지요.

포접 모습 하나

수컷이 암컷 겨드랑이로 팔을 넣어서 앞가슴을 부여잡습니다. 대부분의 개구리들이 이렇게 포접합니다. 우리나라에 사는 산개구리류, 옴개구리, 참개구리, 금개구리, 청개구리, 맹꽁이 등이 이런 모습으로 포접합니다.

겨드랑이 끌어안기

포접 모습 둘

수컷이 암컷 뒤쪽에서 양팔로 허리를 감쌉니다.

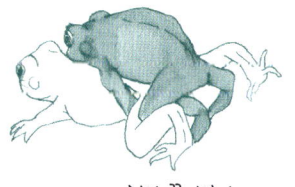

허리 끌어안기

포접한 금개구리

포접한 청개구리

포접한 맹꽁이

포접한 무당개구리

무당개구리의 물두꺼비 포접

두꺼비의 황소개구리 포접

주로 물속에서 생활하면서 포접을 하는 무당개구리가 이런 모습으로 포접합니다.

포접 모습 셋

수컷이 암컷 등 뒤에서 암컷의 팔 위쪽과 얼굴 쪽으로 팔을 뻗어 머리를 감싸 줍니다. 우리나라 개구리들은 이런 방식으로 포접하지 않지만 에콰도르 서남부 지역의 열대우림에서 발견되는 독개구리는 이런 모양으로 포접한다고 합니다.

머리 감싸 안기

개구리들의 오인 포접

수컷 개구리들은 종종 다른 종의 암컷과 포접하기도 하는데, 이것을 '오인 포접'이라고 합니다. 오인 포접은 암컷과 포접하기 위해 수컷들끼리 경쟁이 심할 때 나타납니다. 다른 수컷에게 암컷을 빼앗기지 않으려고 자기와 같은 종인지 자세히 살펴보지도 않고 일단 주위에 암컷이 있으면 먼저 포접부터 하는 것이지요.

오인 포접이 된 경우에 암컷은 자기가 상대 수컷과 같은 종이 아니라는 신호를 계속해서 보냅니다. 수컷도 어느 순간 포섭한 암컷이 자기와 같은 종이 아님을 알게 되면 포접을 끝냅니다.

16 개구리는 소리꾼과 들러리가 있어요

드물게 암수 모두 소리를 내는 종도 있지만, 대부분 울음소리를 내는 개구리는 수컷입니다. 암컷은 대신 그 소리를 잘 들을 수 있도록 귀가 발달했지요.

물론 수컷들도 소리를 들을 수 있습니다. 만약 다른 개구리의 울음소리가 너무 가깝게 들리면 자리를 옮깁니다. 이처럼 수컷은 울음소리를 통해 어둠 속에서도 다른 수컷들과의 거리를 적절하게 유지합니다. 혹시 다른 개구리가 가까이 다가오면 울음소리를 바꿉니다. '내가 여기 있으니까 더 이상 가까이 오면 안 돼!' 하는 경고를 보내는 것이지요.

개구리는 짝짓기를 위해 집단을 이루는데, 작은 집단의 울음소리

보다 큰 집단의 울음소리가 멀리까지 울려 퍼지기 때문에 여럿이 모여서 웁니다. 다 함께 신호를 보내서 암컷을 유혹해 짝짓기에 성공하려는 속셈인 것이지요.

개구리 여러 마리가 한꺼번에 소리를 내면 정신없을 것 같습니다. 그러나 개구리들은 자기 울음소리를 암컷에게 효과적으로 전달하기 위해서 가까이 있는 개구리의 울음소리에 맞춰 웁니다.

그런데 개구리 중에는 울음소리를 내는 능력이 좀 부족한 수컷들도 있겠지요? 그런 수컷들은 큰 집단에 끼어서 울음소리를 내다가 자기 실력보다 더 매력적인 소리에 끌려서 다가온 암컷을 가로채기도 합니다.

울음소리를 내는 청개구리

🐸 소리꾼과 들러리

울음소리를 내는 집단 안에서 개구리들의 경쟁은 무척 치열하기 때문에 수컷들은 여러 가지 짝짓기 전략을 펼치고 있습니다.

연구에 따르면, 자기 주위에 있는 덩치 큰 개구리가 내는 울음소리가 자신이 낼 수 있는 소리보다 두 배 이상 클 때, 덩치가 작은 개구리들은 덩치가 큰 개구리들과는 다른 짝짓기 전략을 보인다고 합니다. 작은 개구리들은 울음소리를 내는 대신, 덩치가 큰 개구리 주위에 조용히 숨어 있다가 암컷이 덩치가 큰 개구리의 소리를 듣고 가까이 올 때 길목에서 암컷을 가로채는 방법을 씁니다.

진짜로 울음소리를 내는 큰 개구리를 '소리꾼'이라고 한다면, 이런 개구리는 '들러리' 개구리라고 부릅니다. 들러리 개구리는 소리꾼 개구리에 비해 번식에 성공할 확률이 상대적으로 낮습니다.

약삭빠른 녀석들

그런데 개구리 중에는 기회주의 개구리도 있습니다. 기회주의 개구리들은 일정한 장소에 머무르지 않고 이리저리 옮겨 다니면서 소리꾼 전략과 들러리 전략을 번갈아 가며 씁니다. 말하자면 이웃에 자기보다 목청이 좋은 소리꾼이 있으면 들러리 행세를 하고, 그 반대의 경우에는 자기가 직접 소리꾼으로 나서기도 하지요.

이렇듯 논에는 소리꾼과 들러리 그리고 번갈아 가며 소리꾼과 들러리 행세를 하는 개구리들이 모여 함께 살고 있습니다.

17 비 올 때 개구리가 더 시끄럽게 운다고요?

 비가 올 때 개구리들이 더 시끄럽게 운다는 생각을 해 본 적이 있나요? 엄마 말을 안 듣고 말썽만 부리던 청개구리가 엄마가 돌아가신 것이 슬퍼서 더 크게 운다고요?

사실 비가 오거나 비가 곧 오려고 할 때 개구리들이 소리를 많이 내는 이유는 따로 있습니다. 가장 큰 이유는 소리를 내는 데 드는 에너지를 줄이기 위해서입니다. 건조하면 울음소리를 내기가 더 힘듭니다. 더 많은 에너지가 필요하다는 뜻이지요. 입 안이 마르거나 목이 따가울 때 소리를 질렀다가 목이 더 아파졌던 기억을 떠올려 보면 이해하기 쉬울 것입니다.

울음소리를 내는 맹꽁이

　개구리는 소리를 내기 위해 일단 허파로 공기를 빨아들인 다음, 입과 콧구멍을 막은 상태에서 입 안과 울음주머니로 공기를 이동시킵니다. 이때 공기가 성대를 진동해서 소리가 나는 것이지요. 허파에서 울음주머니로 공기가 이동할 때 개구리는 울음주머니의 떨림이나 공기의 흐름을 조절하여 다양한 소리를 냅니다. 이렇게 숨을 크게 들이마시고 내뿜고, 또 근육을 이용해 공기의 흐름을 조절하다 보면 수분을 많이 빼앗기고, 에너지도 많이 필요하지요.

　개구리가 건강하려면 몸의 수분을 적당하게 유지해야 하고, 짝짓기 경쟁을 하려면 몸의 에너지도 아껴 두어야 합니다. 그래서 공기가 건조한 낮에는 덜 울고, 습도가 높은 밤이나 비가 올 때 또는 비가 오기 전에 많이 우는 것이지요. 주변에 수분이 많으면 울음소리를 내는 데 힘이 덜 드니까요. 다시 말해 적은 비용으로 큰 효과를 얻는 셈이지요.

맹꽁이는 정말 맹꽁맹꽁 하고 우나요?

흔히 맹꽁이가 '맹꽁맹꽁' 하고 운다고 알고 있지요? 그런데 실제로는 '맹맹맹맹' 하고 우는 맹꽁이와 '꽁꽁꽁꽁' 하고 우는 맹꽁이가 있습니다. 이와 같은 맹꽁이들의 울음소리를 한꺼번에 듣다 보니 '맹꽁맹꽁'으로 들리는 것입니다. 그렇다면 왜 맹꽁이들은 다른 소리를 내는 것일까요? 그 이유는 암컷이 수컷들의 소리를 듣고 접근할 때, 다른 수컷 맹꽁이들과 소리가 겹쳐서 손해 보는 일이 없도록 하기 위해서입니다.

18 양서류도 새끼를 돌보나요?

 많은 어미들은 자기 새끼가 포식자의 위협에서 안전하기를 바랍니다. 그것은 새끼들이 어미와 공통된 유전자를 많이 가지고 있기 때문입니다.

어미는 새끼들이 영양분을 잘 섭취하고, 안전하게 보호되어 공통된 유전자를 다음 세대로 전달하기를 원하지요. 이것은 비단 어미의 본성일 뿐만 아니라 DNA라는 유전물질의 본성이기도 합니다.

이와 같이 자식의 생존율을 높여서 결과적으로는 부모 유전자의 일부를 다음 세대로 전달하는 확률을 높이기 위한 부모의 모든 투자를 '부모 행동'이라고 합니다. 양서류의 다양한 부모 행동에 대해서 알아볼까요?

뒤에 나오는 도롱뇽의 부모 행동과 비교한다면 우리나라에 살고 있는 개구리들은 부모 행동을 거의 하지 않는 편입니다. 우리나라에 사는 대부분의 개구리들은 알을 아주 많이 낳습니다. 예를 들어, 황소개구리는 한 번에 1만 개 이상의 알을 낳지요. 개구리들은 많은 알 중에서 일부가 살아남는 전략을 선택합니다. 그렇기 때문에 부모는 알을 돌보지 않아도 되는 것이지요.

한편 다른 나라에 사는 개구리들은 상대적으로 알을 적게 낳고, 부모 행동을 적극적으로 한다고 합니다. 좀 더 구체적으로 살펴볼까요?

🐟 올챙이를 업어 나르는 개구리

코스타리카의 열대우림에 사는 세이셸개구리는 바닥에 깔린 나뭇잎 위에 4~6개의 알을 낳습니다. 그 후에 알이 부화하면 암컷은 몸을 낮추어서 올챙이들을 자신의 등 위로 기어오르게 하지요. 등에 올챙이들을 업은 어미 개구리는 물이 고인 작은 웅덩이나 식물의 대롱 속으로 새끼를 옮겨 놓습니다.

어미 개구리는 한 번에 한두 마리씩 두세 번에 나누어 새끼들을 옮깁니다. 옮겨진 올챙이들은 웅덩이 속으로 떨어지는 먹이와 암컷이 낳는 영양알을 먹으면서 개구리로 자라납니다.

올챙이를 업어서 옮기는 세이셸개구리

🐸 물길을 내는 황소개구리

남아프리카에 사는 남아프리카황소개구리는 주로 장마 기간에 짝짓기를 하고, 일시적으로 고인 물에 알을 낳습니다. 그런데 장마가 끝나면서 물웅덩이가 마르기도 합니다. 만약 자기가 알을 낳아 놓은 물웅덩이가 말라 가면, 수컷 황소개구리는 말라 가는 물웅덩이와 그 옆의 큰 물웅덩이 사이를 연결하는 물길을 만듭니다. 녀석들은 길게는 15미터가 넘는 물길을 며칠씩 공들여 만드는 것으로 알려져 있습니다.

🐸 대나무 밑동에서 올챙이를 키우는 청개구리

타이완에 사는 청개구리는 특이하게 잘린 대나무 밑동 속에 알을 낳는다고 합니다. 아마도 입구가 작고, 깊은 장소가 새나 다른 포식자에게서 안전하기 때문일 것입니다. 장마가 계속되는 동안 대나무 통에 고인 물속에서 알들은 올챙이로 부화합니다. 그런데 문제는 올챙이로 부화한 뒤에 생깁니다. 대나무 통의 입구가 좁아서 외부에서 자연적으로 들어오는 먹이가 적기 때문입니다. 어미 개구리는 이런 상황에서 어떻게 올챙이들에게 먹이를 줄까요?

이 문제를 연구하던 국립타이완대학교의 캄(Kam) 교수님이 다음과 같은 사실을 밝혀냈습니다. 어미 개구리는 약 5일마다 한 번씩 대나무 통에 들릅니다. 그러면 안에 있는 올챙이들이 어미의 엉덩이 부분을 입으로 톡톡 건드리는데, 이렇게 하면 어미 개구리는 영양알을 대나무 통에 낳는다고 합니다. 이 영양알이 바로 올챙이들의 먹이가 되는 것이지요.

도롱뇽

이른 봄 야외에서 도롱뇽을 관찰하다 보면, 알과 함께 있거나 알에서 멀지 않은 곳에 있는 도롱뇽을 종종 보게 됩니다. 이 도롱뇽은 틀림없이 수컷 도롱뇽입니다. 그 이유는 우리나라에 사는 도롱뇽은 암컷이 알을 낳을 때 여러 마리의 수컷이 경쟁적으로 알을 수정하는데, 일단 알을 수정시킨 수컷은 그 알에 다른 수컷들이 다시 수정하지 못하도록 한동안 알을 지키기 때문이지요. 도롱뇽이 정확하게 얼마나 오래 머무는지는 알려져 있지 않지만, 대략 하루에서 이틀 정도 알 곁에서 머무는 것으로 보입니다.

수컷 제주도롱뇽의 알 보호 행동

발이 없는 무족영원류

발이 없는 무족영원류는 대부분 땅속에서 체내수정을 해 알이나 새끼를 낳습니다. 먹이가 풍부하지 않은 땅속에서 무족영원류의 새끼는 어떻게 성장할까요? 그 신비가 최

알과 함께 있는 나무도롱뇽 암컷(앞)과 수컷(뒤)

근에 밝혀졌습니다. 세계 여러 나라의 연구자들은 무족영원류의 어미가 자신의 내장 벽을 영양이 풍부한 상태로 만들어 새끼에게 먹인다는 사실을 밝혀냈습니다. 즉, 새끼들은 어미의 내장 벽을 뜯어 먹고 자라는 것입니다.

수컷 도롱뇽의 꼬리가 에너지 저장소라고요?

암컷 도롱뇽은 알을 낳은 다음에 바로 번식지를 떠납니다. 그러나 수컷 도롱뇽은 길게는 약 20일 동안 번식지에 머물면서 여러 암컷과 짝짓기를 합니다. 수컷 도롱뇽은 거의 먹지도 못한 상태에서 많은 에너지가 드는 경쟁을 해야 합니다. 수컷 도롱뇽에게는 이럴 때 쓸 수 있는 에너지를 저장하는 장소가 있는데 그곳은 바로 꼬리입니다. 수컷 도롱뇽의 꼬리는 넓고 두꺼운 모양인데, 이 피부 조직을 잘라 현미경으로 관찰해 보면 노란색의 작은 지방 알갱이들이 가득 차 있는 것을 알 수 있습니다.

19 양서류는 추운 겨울을 어떻게 지내나요?

개구리는 과연 어떻게 추운 겨울을 날까요? 온도가 영하로 내려가면 개구리들은 얼어 버릴 텐데 어떻게 살아남을 수 있을까요?

우리나라에서는 겨울에도 양서류 주변의 온도가 물이 어는 온도, 즉 섭씨 영도 아래로 떨어지는 일은 거의 일어나지 않습니다. 겨울철에 연못의 얼음을 깨 본 적이 있나요? 아니면 얼음낚시를 하는 모습을 본 적이 있나요? 어느 정도 두께가 되는 얼음을 깨면 그 아래에는 얼지 않은 물이 흐르고 있습니다. 이것은 얼음 아래의 온도가 섭씨 영도보다 높다는 것을 말해 줍니다.

땅속도 마찬가지입니다. 겨울철에 땅을 파 본 적이 있나요? 약 5

땅속에서 겨울잠을 자는 금개구리

센티미터에서 10센티미터 두께의 언 땅을 파면 그 아래에서는 얼지 않은 흙이 나옵니다.

    대부분의 양서류는 이와 같이 겨울철에도 연못 아래의 얼지 않은 진흙 속이나 땅속 깊은 곳 또는 낙엽으로 덮여서 영하로 내려가지 않는 양지바른 곳에서 겨울을 납니다.

    온도가 더 떨어지면 개구리들은 겨울잠을 자는 동안에도 더 깊은 곳이나 상대적으로 온도가 더 높은 곳으로 조금씩 옮겨 추위를 견딘다고 합니다.

아하!

개구리에게서 배우는 생명의 신비

캐나다에서 발견된 얼음개구리의 이야기는 자연의 신비를 보여 줍니다.

얼음개구리는 바깥 온도가 영하로 내려가면 몸이 얼고, 심장도 멈춥니다. 그러다가 바깥 온도가 올라가면 서서히 몸이 녹고, 심장도 다시 뛴다고 합니다. 놀랍지 않나요? 과학자들은 이 얼음개구리가 인류에게 커다란 도움을 줄 것이라고 기대하고 있습니다. 바로 우주여행과 장기이식 같은 분야에 말입니다. 이해가 잘 안 된다고요? 자세히 알아볼까요?

우주여행을 할 때 문제가 되는 것은 끝없이 넓은 우주를 여행하기에는 인간의 수명이 너무 짧다는 것입니다. 실제로 가장 가까운 은하계를 간다 해도 수천 세대를 지나야만 도착할 수 있습니다. 그래서 이 얼음개구리처럼 사람을 냉동시켰다가 다시 녹여도 문제가 없다면, 우주여행을 하는 동안 마치 얼음개구리처럼 겨울잠을 자서 이러한 시간의 한계를 극복할 수 있지 않을까요?

다음은 장기이식입니다. 사람의 생명을 구할 수 있는 장기이식은 시간이 가장 중요합니다. 예를 들어, 심장은 사람 몸에서 꺼낸 뒤 네 시간이 지나면 심장 조직들이 죽기 시작하기 때문에 심장이식 수술에 쓸 수 없습니다. 그러나 만약에 얼음개구리의 심장처럼, 사람의 심장을 얼렸다가 다시 건강한 심장으로 녹일 수 있다면 시간적인 문제는 완전히 해결될 것입니다. 그러면 소중한 장기로 더 많은 사람에게 새로운 생명을 줄 수 있겠지요.

20 양서류는 먹이를 어떻게 먹나요?

양서류가 먹이를 입 안으로 끌어들이는 방법에는 두 가지가 있습니다. 하나는 입을 재빨리 벌려 입 안으로 들어오는 물과 함께 먹이를 먹는 방법입니다. 이것을 '흡입 먹이잡이'라고 합니다. 또 다른 방법으로는 혀를 입 밖으로 내밀어 먹이를 입 안으로 끌어들이는 방법이 있습니다.

올챙이는 대부분 흡입 먹이잡이를 합니다. 올챙이 주둥이에는 작은 이빨들이 모여 있는 '치설'이라는 기관이 있는데, 이것을 이용해서 먹이를 갉아 냅니다. 그런 다음 입술을 이용해서 먹이를 입 안으로 주워 담지요. 올챙이는 주로 먹는 먹이에 따라 치설의 모양이 다릅니다.

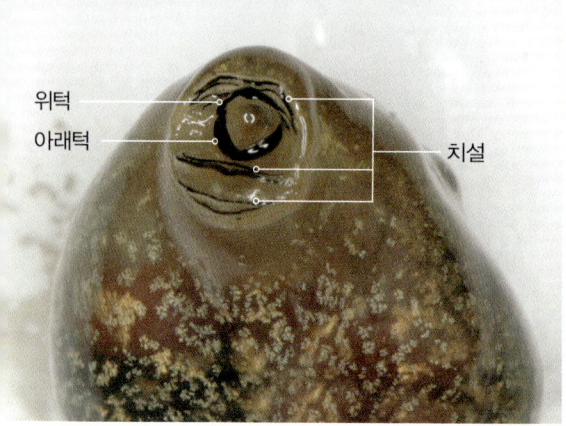

위턱
아래턱
치설

올챙이의 치설

유미류의 먹이 먹기

그래서 치설을 관찰하면, 올챙이가 진흙 속에 있는 먹이를 먹는지 아니면 바위에 붙은 이끼를 먹는지 알 수 있습니다. 물론 이런 방법으로 어떤 종인지도 확인할 수 있지요.

　물속에서 자라는 도롱뇽 유생 역시 흡입 먹이잡이를 합니다. 먹이 가까이에서 물을 입 안으로 빨아들이면서 먹이를 잡지요. 도롱뇽이 먹이 잡는 모습을 보면, 물을 빨아들이려고 몸 전체를 움직이는 모습이 사뭇 진지해 보이기까지 합니다.

　도롱뇽은 물속에서 생활할 때와 달리 뭍에서는 주로 혀를 내밀어서 곤충을 잡아먹습니다. 대부분의 도롱뇽은 자기 혀를 밖으로 쑥 내밀 수 있습니다. 호랑이도롱뇽 같은 종은 혀를 입 밖으로 3~4센티미터 정도까지 뻗칠 수 있지요. 이탈리아 사르데냐섬에 사는, 허파가 없는 도롱뇽인 슈퍼라몬트동굴도롱뇽은 자신의 몸길이와 비슷한 길이인 5센티미터까지 혀를 뻗어 먹이를 잡습니다.

한편 도롱뇽이 혀를 내미는 속도는 0.01초 정도입니다. 사람의 눈에는 도롱뇽이 혀를 내미는 것이 안 보일 정도로 빠르다는 뜻이지요. 도롱뇽의 혀는 끈적한 물질로 덮여 있어 먹이가 혀에 쉽게 붙습니다.

양서류가 먹이를 낚아채는 방법은 무척 다양합니다.

먹이를 혀에 붙여서 잡기도 하고, 혀로 먹이를 감싸서 잡기도 합니다. 연구자들은 양서류가 다양한 환경에서 진화해 이러한 차이가 생긴 걸로 짐작합니다.

유미류의 먹이 먹기

개구리는 일반적으로 위턱에만 이빨이 있습니다. 두꺼비는 위아래 모두 이빨이 없습니다. 도롱뇽은 위턱과 아래턱에 모두 이빨이 있지만 너무 작아서 씹을 수는 없습니다. 도롱뇽의 이빨은 먹이가 입 밖으로 도망가지 못하도록 하는 기능만 합니다.

우리나라에 사는 무미류는 대부분 혀가 짧습니다. 혀가 짧은 참개구리는 자신의 몸을 튕기면서 혀를 내뻗어 먹이에 붙인 다음, 먹이를 입 안으로 끌어들이는 방법을 씁니다. 상대적으로 두꺼비는 혀가 긴 편에 속하는데요. 두꺼비의 혀는 길게는 3~4센티미터까지 뻗어 나오며, 움직임도 무척 빨라서 0.01초의 속도로 먹이를 낚아챕니다.

21 도롱뇽 유생은 자기들끼리 잡아먹는대요!

"**제가** 도롱뇽 유생을 키우는데, 이상하게도 이 녀석들이 하룻밤 자고 나면 한 마리씩 사라져요. 도대체 애들이 어디로 갔을까요? 수족관 덮개도 잘 덮어 두었는데……. 설마 수족관 밖으로 나간 걸까요?"

답은 간단합니다. 도롱뇽 유생이 다른 도롱뇽 유생을 잡아먹은 것입니다. 이와 같이 자기와 같은 종을 잡아먹는 것을 '동종포식'이라고 합니다. 대부분의 도롱뇽 유생들이 이러한 행동을 합니다.

도롱뇽 유생들이 사는 작은 웅덩이의 물이 마르고, 먹이조차 부족한 상황에서 만약 다른 유생이라도 먹지 않는다면 모든 유생이 죽

도롱뇽 유생이 다른 유생을 잡아먹는 모습

을 것입니다. 그러나 이처럼 동종포식을 한다면 적어도 몇몇 개체는 살아남을 수 있겠지요.

연구자들은 동종포식이 종을 보존하기 위한 방법 가운데 하나라고 말합니다. 모두 다 살아남을 수 없다면 그 가운데 일부만이라도 살아남아 멸종을 막는 것이지요.

서식 밀도가 낮은 곳의 도롱뇽 유생: 동종포식이 일어나지 않는 곳의 도롱뇽 유생은 머리가 크지 않습니다(왼쪽). 서식 밀도가 높은 곳의 도롱뇽 유생: 동종포식이 일어나는 곳에 사는 도롱뇽 유생은 몸통보다 머리가 큽니다(오른쪽).

연구에 따르면, 우리나라에 사는 도롱뇽 유생은 건강한 개체보다는 약한 개체를, 죽은 개체보다는 살아 있는 개체를, 큰 개체보다는 작은 개체를 골라 잡아먹는다고 합니다. 물론 주위에 올챙이가 있는 경우에는 올챙이를 먼저 잡아먹습니다.

자기와 같은 종을 잡아먹는 이런 행동은 단위 면적당 도롱뇽 유생 수가 많을수록 증가합니다.

동종포식

야외에서 도롱뇽 유생을 관찰하다 보면, 유달리 머리가 큰 유생이 있습니다. 그런 유생은 자기와 같은 종을 잡아먹었을 가능성이 매우 높습니다. 동종포식을 하거나 동종포식의 상황에 놓인 개체들은 몸의 다른 부분보다 머리를 빠르게 키우는데, 그에 따라 입도 커집니다. 그리하여 그 큰 입으로 다른 개체를 잡아먹을 확률은 높이고, 반대로 다른 개체들이 자신을 잡아먹기는 힘들게 만듭니다.

22 양서류도 물을 마시나요?

개구리가 물을 마시는 경우는 매우 드뭅니다. 가끔 입 주위에 이슬이 떨어져 물방울이 맺혔을 때 혀로 물방울을 치우면서 입을 적시는 정도가 다입니다.

그렇다면 개구리가 물을 마시기는 할까요? 물론입니다. 개구리도 물을 마시지요. 다만, 입이 아니라 피부로 물을 흡수한다는 점이 다릅니다.

두꺼비는 물을 잘 흡수할 수 있도록 피부가 발달했습니다. 두꺼비의 배와 양다리 사이 부위는 물을 흡수하기 좋게 근육과 혈관들이 잘 발달되어 있지요.

두꺼비의 배

물두꺼비의 배

물이 있는 곳을 발견하면 두꺼비는 엉금엉금 기어가 배를 물에 대고 몸을 낮게 구부립니다. 몸이 물에 많이 닿을 수 있도록 하는 것이지요. 또 피부에 있는 돌기들은 물을 흡수할 때 피부의 표면적을 넓혀서 물의 흡수율을 높입니다.

그렇다면 오랫동안 땅속에서 지내는 맹꽁이는 어떻게 물을 마시지 않고 견딜까요? 장마철 빗방울이 땅을 두드리는 소리에 깨어나는 맹꽁이는 일시적으로 생겨난 물웅덩이에서 필요한 물을 몸에 저장합니다. 그러고 나면 비가 오지 않아 땅이 건조한 상태를 한동안 참을 수 있지요.

가뭄에 바위나 큰 나무 아래에서 맹꽁이를 잡아 확인해 보면, 여전히 아랫배 쪽에 10~20밀리리터 정도의 물을 머금은 것을 볼 수 있습니다. 한마디로 맹꽁이는 건조한 기간을 견디기 위해 배에 물을 저장하는 물주머니를 가진 것이지요. 연구에 따르면, 땅속에 있는 동안 맹꽁이들은 주변에 있는 흙에서 비록 적은 양이지만 물을 흡수한다고 합니다.

■ 피부로 안다!

개구리는 피부를 통해 물을 흡수할 뿐만 아니라 물을 구별한다고 합니다. 연구에 따르면, 개구리는 물에 배를 대어 본 다음 마시기에 적합하지 않으면 흡수하지 않는다고 합니다. 또 붉은점두꺼비는 발에 있는 피부로도 자신이 마시기에 적당한 물인지 아닌지 구별할 수 있다고 합니다.

23 양서류는 자기 몸을 어떻게 보호하나요?

야생에서 사는 모든 동물들은 잡아먹거나 잡아먹히는 삶을 하루하루 살아가고 있습니다. 우리가 보기에는 그저 약해 보이기만 하는 양서류들도 살아남기 위한 다양한 생존법을 저마다 갖고 있습니다.

우리나라에 사는 무당개구리는 주로 들과 계곡 근처에 삽니다. 무당개구리의 등에는 초록색과 검은색으로 된 반점이 있고, 배에는 붉은색과 검은색이 섞인 무늬가 있습니다. 무당개구리는 무서운 독을 갖고 있는데, 그 독은 마치 비눗물 같아서 동물이 먹으면 쓴맛을 느끼서 바로 뱉게 되고, 눈에 들어가면 눈을 뜰 수 없을 정도로 따갑습니다.

무당개구리의 뒤집기

　　무당개구리는 적을 만나면 몸을 등 쪽으로 둥글게 말아 붉은 배를 드러내 자신에게 독이 있다는 걸 알립니다. 그래도 자기를 잡아먹으려고 공격해 오면 독액을 분비해 적이 고통스러워하는 틈을 타서 도망을 칩니다.

도롱뇽의 꼬리 세워 흔들기

　　우리나라에 사는 도롱뇽은 물 밖에서 꼬리를 건드리면 종종 꼬리를 세우고 흔듭니다. 만약 계속 꼬리를 건드리면 도롱뇽도 계속

황소개구리의 몸 부풀리기

꼬리를 흔들지요. 연구자들은 도롱뇽이 이런 식으로 포식자의 관심을 흩뜨려 놓은 다음 도망갈 기회를 노리는 것이라고 설명합니다.

　두꺼비는 위험에서 벗어나기 위해 몸을 크게 부풀리거나 죽은 척합니다. 적을 만나면 피부에 돋아 있는 독샘에서 독을 내뿜어 적을 쫓습니다. 어린 두꺼비를 건드리면 몸을 뒤집고 가만히 있는데, 죽은 것처럼 위장해서 위험에서 벗어나려는 것입니다.
　금개구리와 황소개구리도 적을 만나면 몸을 부풀려 위험에서 벗어납니다.

24 양서류는 물의 진동을 느낄까요?

 대부분의 양서류에게는 옆줄이 있습니다. 옆줄이란 감각기관이 머리부터 꼬리 끝까지 줄을 지어 분포한 선을 말합니다. 양서류의 옆줄은 물고기의 옆줄처럼 선명하지 않지만, 자세히 들여다보면 어렵지 않게 관찰할 수 있습니다.

옆줄은 물의 흐름이나 진동을 감지하고, 전기장의 변화를 감지합니다. 양서류들은 먹이를 잡거나 짝짓기 경쟁을 할 때, 물속에서 이동할 때 옆줄을 이용하는 것으로 알려져 있습니다.

🐸 진동으로 느낀다

연구자들은 도롱뇽이 물결의 진동을 신호 수단으로 이용한다고 합니다.

수컷 도롱뇽이 나무를 부여잡고 몸통을 흔들어 물결의 진동을 일으키는 실험을 하자, 대부분의 다른 수컷들은 그 물결의 진동에 반응해서 접근해 오거나 그쪽으로 눈길을 돌렸습니다. 접근한 도롱뇽들은 물결의 진동을 일으키는 도롱뇽을 밀치는 반응을 보이기도 했지요. 이 실험을 통해 연구자들은 우리나라에 사는 도롱뇽의 짝짓기 경쟁에서는 옆줄로 느끼는 촉각이 매우 중요한 역할을 한다는 것을 알게 되었습니다.

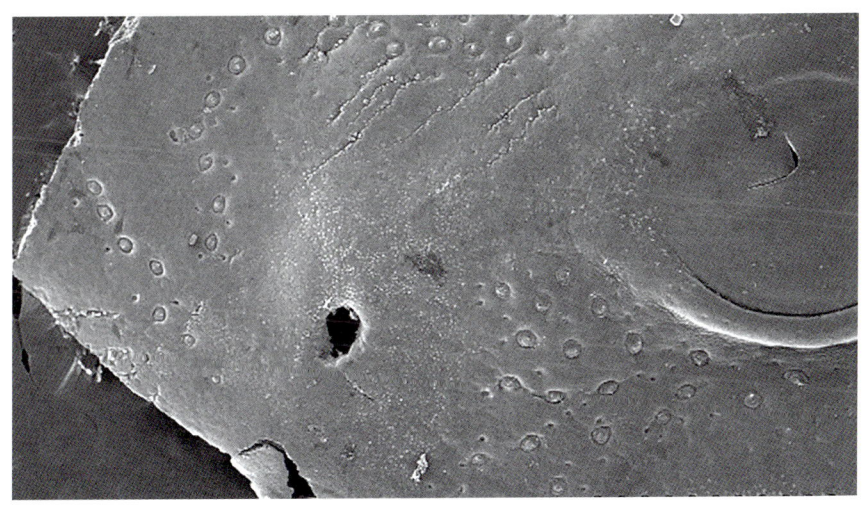

도롱뇽 머리에 분포한 물결 진동을 감지하는 감각세포들의 전자현미경 사진

25 개구리나 도롱뇽은 왜 허물을 벗나요?

양서류에게 피부는 매우 중요합니다. 우선 피부는 전체 호흡의 10퍼센트 이상을 맡고 있고, 포식자에게 벗어날 수 있는 독성 물질을 분비하는 기관이기도 하니까요.

개구리나 도롱뇽에게는 피부가 항상 최고의 능력을 발휘할 수 있는 상태를 유지하는 것이 무척 중요합니다. 그러나 피부는 시간이 지나면서 꾸준히 기능이 떨어집니다. 그래서 낡은 피부를 계속 유지할 것인가, 아니면 낡은 피부를 버리고 새로운 피부로 바꿀 것인가를 따져 봐야 합니다. 만약 낡을 피부를 버리는 것이 낫다는 결론이 나온다면 그때 허물을 벗는 것이지요.

개구리나 도롱뇽 같은 양서류는 얼마나 자주 허물을 벗을까요? 보통은 며칠에서 길게는 몇 주 사이에 한 번 정도로 허물을 벗습니다.

개구리는 대체로 등 쪽의 피부가 먼저 벗겨지고, 그다음에 다리 쪽이 벗겨집니다. 마지막으로 허물은 입 쪽으로 벗겨지는데, 개구리들은 대개 자신이 벗은 허물을 먹습니다.

참개구리 탈피

도롱뇽은 허물을 벗는 모양이 조금 다릅니다. 먼저 코끝의 피부가 벗겨지고 그다음에는 앞다리, 몸통, 뒷다리, 꼬리의 순서로 허물을 벗습니다. 도롱뇽은 종종 자기가 벗은 허물을 먹기도 합니다. 단백질이 부족한 도롱뇽에게 허물은 좋은 영양분이 됩니다.

가끔 집 안에서 기르는 양서류들이 허물을 벗을 때 허물이 깨끗하게 벗겨지지 않는 경우가 있습니다. 양서류가 균형 있게 자라지 못하거나 영양분이 부족할 때 이런 일이 일어납니다. 이럴 때는 비타민 성분의 약이나 먹이를 주고, 햇볕을 쪼이면 됩니다.

아하!

■ 수분유지개구리

수분유지개구리는 호주의 더운 사막 근처에서 삽니다. 이 개구리는 피부에서 수분이 빠져나가는 것을 막기 위해서 한낮에는 피부를 얇은 막으로 감싸고 땅속에서 지냅니다. 그러다가 기온이 떨어지는 저녁이 되면 땅 위로 나와 허물을 벗고 난 뒤, 먹이나 짝을 찾습니다. 수분유지개구리는 매일 저녁 새로운 피부로 갈아입는 셈이지요. 자기 몸에서 수분이 빠져나가는 것을 막고, 사막과 같은 더운 지방에서 살아남기 위해 이러한 방법을 선택한 것이지요.

26 양서류는 얼마나 오래 사나요?

개구리는 도롱뇽보다는 수명이 짧습니다. 사람이 기를 경우에 1년에서 10년 정도 살고, 길게는 35년까지 산 개구리도 있습니다. 자연에서는 종별로 차이가 있지만 약 4년에서 15년 정도 살 수 있습니다.

도롱뇽은 보통 10년 안팎을 산다고 합니다. 그러나 사람이 기를 경우에는 보통 20년에서 25년을 살고, 매우 드물지만 50년 가까이 산 도롱뇽도 있다고 합니다.

 양서류의 나이는 어떻게 알 수 있나요?

양서류의 나이는 발가락 뼈에 나타나는 나이테를 보고 알 수 있

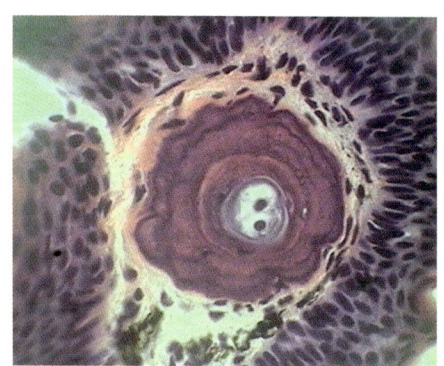

도롱뇽 뼈 나이테: 가운데 흰 부분은 뼈입니다. 뼈 주위로 검은색 둥근 선이 바로 나이테입니다. 이 도롱뇽은 네 살입니다.

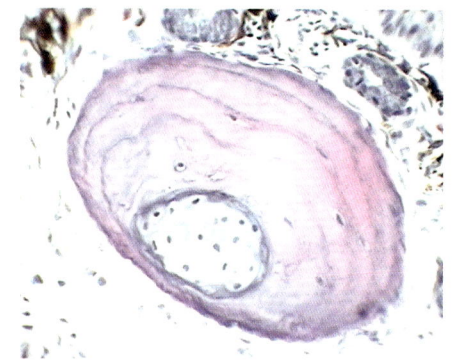

물두꺼비 뼈 나이테: 가운데 흰 부분은 뼈입니다. 뼈 주위로 나이테 선이 세 줄 보입니다. 이 물두꺼비는 세 살입니다.

습니다.

뼈 나이테는 나무의 나이테와 같은 원리로 생깁니다. 양서류는 활발하게 활동하고, 먹이를 먹는 시기에는 많이 자라고, 겨울잠을 잘 때는 덜 자랍니다. 이처럼 많이 자라는 시기의 뼈는 밀도가 낮고, 덜 자라는 시기의 뼈는 밀도가 높아서 뼈에 나이테가 나타나는 것이지요.

뼈 나이테로 연구한 결과, 물두꺼비는 약 6년까지 살고, 도롱뇽은 10년 안팎으로 산다고 합니다.

27 양서류의 독은 소중한 자원이래요

모든 개구리와 두꺼비는 피부에 독샘이 있고, 그 독샘에서 독을 만들어 냅니다. 대부분의 개구리 독은 사람에게는 그다지 위험하지 않습니다. 그러나 중앙아메리카나 남아메리카의 열대우림에 사는 독화살개구리의 독은 사람에게도 위험합니다. 파나마와 콜롬비아에 사는 코키독화살개구리의 바트라코독은 0.00001그램으로도 사람을 죽일 수 있다고 합니다. 더욱 신기한 것은, 이러한 독개구리의 독은 그들이 주로 먹는 개미의 독에서 왔다는 사실입니다.

이 지역의 원주민들은 코키독개구리 한 마리에서 얻은 독으로 원숭이나 사슴을 사냥하는 독화살 50개를 만들기도 했다고 합니다. 예

전에는 부족들끼리 싸움할 때 이 화살을 쏘기도 했다고 합니다.

우리나라에 사는 무당개구리 역시 독이 있고, 옴개구리, 두꺼비, 물두꺼비도 독을 만들어 내는 것으로 알려져 있습니다.

두꺼비의 독은 가장 널리 알려진 양서류의 독 가운데 하나입니다.

두꺼비는 귀 뒤쪽에 독샘인 귀밑샘이 있고, 피부 여기저기에도 작은 독샘들이 있지요. 두꺼비의 독은 종류가 무척 다양해서, 어떤 종의 두꺼비인가에 따라 다르고, 또 같은 종이라고 해도 두꺼비마다 서로 다르기도 합니다.

두꺼비의 독은 상대 동물의 가슴 주변 근육과 가슴, 배에 있는 신경에 작용합니다. 그래서 두꺼비 독을 동물에게 주사하면 경련을 일으키고 심장이 딱딱해져서 죽지요. 이처럼 두꺼비의 독은 무척 위험합니다. 만약 다른 동물들이 두꺼비를 잡아먹는다면 생명이 위험할 정도이지요. 그렇지만 위험한 독이라고 해도 아주 묽게 만들어서 조금만 쓰면 약이 될 수 있습니다. 실제로 두꺼비의 독에서 뽑아낸 부포톡신은 심장이 약한 사람을 위한 약의 원료로 쓰이고 있으니까요.

사냥하기 위한 독을 만들거나 의학적으로 이용하는 약을 만드는 데 쓰는 등, 양서류의 독은 오래전부터 우리 생활에 이용되어 왔습니다. 요즘에도 많은 항생제나 진통제를 양서류의 독에서 얻기에 양서류나 파충류 독에 대한 연구가 활발합니다.

연구자들은 이런 독 성분이 자연적으로 만들어진 것이기 때문에 실험실에서 만들어진 약에 비해 약의 효과는 유지하면서 부작용은 줄일 수 있을 것이라고 기대합니다.

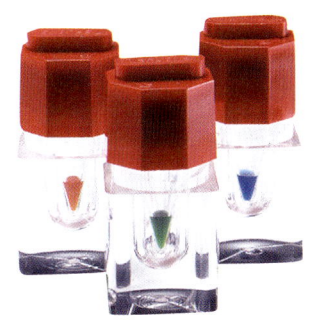

개구리에서 추출한 독으로 만든 퍼킨엘머 회사의 진통제

앞에서 말한 독화살개구리의 독 성분으로 만든 새로운 진통제는 사람 몸에 해가 없고, 중독성도 없다고 합니다. 게다가 약을 먹은 뒤 졸음이 오는 여느 진통제와는 달리 오히려 잠을 쫓는 효과가 있었다고 합니다. 또 호흡이나 소화를 어렵게 하는 부작용도 없다고 하네요.

개굴개굴 개구린 단백질

양서류의 독을 이용해서 약 성분을 얻어 낸 연구는 우리나라에서도 있었습니다. 서울대학교 이봉진 교수님과 동료 연구자들은 옴개구리의 피부에서 뽑아 낸 독 성분이 암세포를 파괴하며, 동시에 항암제의 효과도 높인다는 사실을 밝혀냈습니다. 참 재미있게도, 연구자들은 이 단백질을 개구린(Gaegurin)이라고 이름 붙였다고 하네요.

28 양서류는 어디에서 관찰할 수 있나요?

우리나라에는 무미류 14종과 유미류 6종이 살고 있습니다. 무족영원류는 주로 남아메리카, 아프리카, 동남아시아 지역에 살고 있으며, 우리나라에는 살고 있지 않습니다.

우리나라에 사는 개구리는 크게 산간에 사는 무리, 산과 들이 맞닿은 곳에 사는 무리, 논경지에 사는 무리, 습지나 연못 또는 하천 등에 사는 무리로 나눌 수 있습니다.

큰산개구리, 계곡산개구리, 한국산개구리는 산간에서 볼 수 있고, 무당개구리, 두꺼비, 물두꺼비는 산과 들이 맞닿은 곳에서, 참개구리, 청개구리, 수원청개구리, 노랑배청개구리, 맹꽁이는 논경지에서 볼 수

사는 곳에 따른 양서류 무리(그림 제공: 생태교육연구소 터)

있지요.

그리고 금개구리, 황소개구리, 옴개구리는 습지나 연못 또는 하천에서 볼 수 있습니다.

우리나라에 사는 도롱뇽은 주로 다음과 같은 곳에서 볼 수 있습니다.

도롱뇽은 산간 계곡이나 산과 이웃한 농경지에서, 고리도롱뇽과 꼬마도롱뇽은 평지에서 볼 수 있지요. 또 제주도롱뇽은 산간이나 산과 잇닿은 농경지에서, 한국꼬리치레도롱뇽과 이끼도롱뇽은 산산 계곡에서 볼 수 있습니다.

103

29 생태계에서 양서류가 차지하는 위치

 지구 생태계의 구성원으로 살아가는 모든 생물은 각자 자신의 위치와 그에 맞는 역할이 있습니다. 생태계 안에서 생물들은 각각 다른 생물을 잡아먹는 포식자가 되거나 다른 생물에게 잡아먹히는 피식자가 되지요.

생태계 내에서 먹고 먹히는 이러한 복잡한 과정은 크게 네 가지 무리의 상호작용으로 구성됩니다. 그 네 가지 무리는 생산자 무리, 초식성 생물 무리, 육식성 생물 무리, 분해자 무리입니다.

생산자 무리의 대표적인 생물이자 생태계 에너지의 최초 생산자는 주로 식물입니다. 초식성 생물 무리는 식물을 먹이로 하는 생물 무리를 말합니다. 그래서 먹이인 식물이 없어지면 그 수가 빠르게 줄어들

기도 하지요.

　육식성 생물 무리는 포식자로 불리는 생물들을 가리킵니다. 육식성 생물은 고기만을 먹는 생물은 물론이고, 식물과 고기를 모두 먹는 잡식성 생물도 모두 포함합니다.

　분해자 무리는 생태계를 구성하는 생물이 죽으면 이들을 분해해서 에너지를 얻어 살아가는 생물들을 일컫습니다.

　생태계에서 생물들은 서로 연결되어 있습니다. 식물은 광합성을 통해 태양에서 온 에너지를 저장하고, 바로 다음 단계의 초식성 생물에게 에너지를 줍니다. 초식성 생물은 다시 그들을 먹이로 먹는 소형 잡식성 또는 육식성 생물들에게 먹힙니다. 또 소형 육식성 생물들은 또다시 덩치가 큰 대형 육식성 생물의 먹이가 됩니다.

　각 단계에서 생물들이 죽으면 분해자가 이것을 분해하여 생태계가 깨끗하게 유지되도록 합니다. 생태계에는 이러한 연결고리가 여러 개 존재하면서 서로 복잡하게 얽혀 있습니다. 이러한 연결고리를 가리켜 먹이사슬이라고 하는데, 먹이사슬은 자연의 힘에 의해서 운영되고 있습니다.

　그렇다면 생태계 내에서 양서류는 과연 어떤 위치를 차지하는지,

개구리를 통해 알아볼까요?

대부분의 양서류가 그러하듯이, 개구리는 알에서 부화하여 물속에서 올챙이로 지내다가 개구리로 변태해 뭍에서 생활하기 시작합니다.

물속에서 올챙이는 많은 양의 식물 플랑크톤과 동물 플랑크톤, 그리고 물웅덩이 바닥에 가라앉은 많은 먹이와 그들을 분해하는 미생물, 물속에 사는 작은 곤충들을 먹고 자랍니다. 올챙이가 개구리로 자라서 뭍으로 올라오면 이제부터는 거의 모든 곤충을 잡아먹는 포식자의 자리를 차지하게 됩니다.

올챙이와 개구리는 그들보다 높은 단계의 먹이사슬에 위치한 포식자인 파충류, 조류, 포유류 등의 먹이가 되어 생태계 먹이사슬의 한 고리를 완성하게 되는 것입니다.

물속에서 자라는 식물이나 여러 플랑크톤과 미생물은 물 생태계를 만들고, 뭍에서 사는 식물과 동물은 육지 생태계를 만듭니다. 물, 대기, 육지 생태계 사이에 물질과 에너지의 흐름이 원활하게 일어나야 건강한 생태계를 이룰 수 있습니다.

물속에서도 살고 뭍에서도 사는 개구리와 같은 양서류는 물 생태계의 에너지를 육지 생태계로 이동시키는 중요한 연결고리 구실을 하며, 이것은 다른 동물들이 대신할 수 없는 고유한 역할이기도 합니다.

# 30 양서류가 환경 지표종이라고요?

양서류가 환경 지표종이 될 수 있는 이유는 양서류가 환경 변화에 민감하기 때문입니다. 그렇다면 양서류는 왜 환경 변화에 민감할까요?

피부 호흡

양서류는 배 주변의 피부를 통해 물을 흡수합니다. 또 전체 호흡량의 10퍼센트 정도는 피부를 통하여 산소를 받아들이는 피부 호흡을 합니다. 그러다 보니 호흡하는 과정에서, 공기나 물 그리고 육지에서 온 먹이에 발생하는 병원균이나 그 밖의 오염 물질들이 쉽게 침입할 수 있어 병에 걸릴 확률이 높아지는 것입니다.

물과 뭍을 오가는 양서류

대부분의 양서류는 물과 뭍 양쪽에서 생활합니다. 그러므로 양서류가 주로 알을 낳고 유생이 성장하는 물의 환경과, 성체가 살아가는 뭍의 환경 그리고 그들을 이어 주는 중간 통로 모두가 양서류의 생존을 위해서 반드시 필요합니다. 즉, 물과 뭍 양쪽에 문제가 생길 때는 물론이고, 물과 뭍 가운데 어느 한쪽에 문제가 생겨도 양서류에게는 커다란 위협이 됩니다.

번식기와 먹이

올챙이는 진흙 속이나 수면 또는 물속에 있는 식물이나 동물성 먹이를 먹습니다. 일반적으로 사람들이 버린 많은 화학 물질들이 물속의 작은 먹이 조각에 붙거나 물 위 또는 바닥에 쌓입니다. 그러므로 고인 물의 바닥이나 물속의 물풀을 뜯어 먹는 올챙이들이 이러한 화학 물질에 노출될 위험이 큽니다. 동물의 몸속에 들어온 이 화학 물질을 우리는 보통 환경호르몬이라고 부릅니다.

환경호르몬은 특히 몸속 지방에 쉽게 쌓입니다. 양서류가 겨울잠을 자기 위해서 저장한 지방에 녹아 있던 환경호르몬이 봄이 되어 양서류의 번식기 동안 에너지로 사용된다면 더 큰 문제가 될 수도 있습니다. 게다가 암컷 양서류는 자기 몸에 저장된 지방을 이용해서 알의 노른자를 만드는데, 이때 지방이 분해되면서 오염 물질들이 혈액을 타고 이동한다면 알 안으로 직접 들어갈 수도 있으므로 무척 위험합니다.

변태하는 과정

양서류, 특히 개구리와 같이 꼬리가 없는 무미류는 올챙이에서 개구리로 되는 변태 과정을 겪습니다. 변태하는 동안에는 먹이를 먹거나 이동하는 능력이 크게 줄어들고, 신체적으로도 많은 변화가 일어납니다. 변태 과정을 겪지 않는 다른 생물에 비해 양서류가 주변 환경에 더 예민한 것은 당연합니다. 안 그래도 위험한 시기인데, 만약 변태를 하는 동안 환경호르몬 등의 영향을 받기라도 한다면 변태하는 과정 전체가 잘못될 수 있기 때문에 더욱 위험합니다.

환경호르몬

환경호르몬이란, 인간의 산업 활동을 통해서 생태계로 번진 화학 물질이 생물체에 흡수되면서 생물의 몸속에서 마치 호르몬처럼 작용한다고 해서 붙인 이름입니다. 호르몬은 원래 생물체에서 정상적으로 만들어지고 분비되는 물질이지만, 환경호르몬은 그렇지 않습니다.

환경호르몬은 호르몬의 작용을 억제하기도 하고 또 강화시키기도 합니다. 적은 양으로도 생물에게 큰 영향을 미치기 때문에 최근에는 심각한 문제가 되고 있습니다. 양서류가 환경호르몬에 노출되면 기형으로 변하거나 암컷이나 수컷은 암수가 아닌 중성이 되므로, 결국에는 양서류의 수가 줄어듭니다.

31 줄어드는 양서류

1970년대 이후로 양서류는 그 수와 종류가 전 세계적으로 크게 줄어들고 있습니다.

양서류 감소의 가장 큰 원인은 서식지의 파괴입니다. 그 밖에도 산업이 발달하면서 공해가 심각해지거나 외래종을 도입해서 제대로 관리하지 못한 문제도 있습니다. 그리고 지구 온난화와 같은 환경 변화와 항아리곰팡이와 라나바이러스 등 새로운 질병의 등장 역시 양서류 감소의 주된 원인으로 알려져 있습니다.

양서류의 한살이를 살펴보면, 알과 유생은 물속에서 생활하고, 성체는 물과 뭍을 오갑니다. 따라서 양서류는 햇빛과 물, 토양, 대기 등을 포함한 서식지의 거의 모든 환경 요인에 영향을 받습니다. 이런 다

양한 환경 요인 가운데 어느 한 가지라도 급격하게 변화하거나 오염된다면 양서류에게는 치명적 영향을 미치게 되는 것이지요.

    양서류가 생활하는 논, 습지, 호수, 연못 등의 환경은 인간의 도시화, 산업화, 농업화로 인해 오염되거나 사라지고 있습니다. 양서류가 알을 낳는 장소인 습지가 메워지고, 다 자란 성체의 먹이 사냥터와 은신처가 되어 주던 나무와 식물을 베어 버려 양서류가 살아갈 터전이 점점 줄어들고 있는 것이지요. 게다가 깊은 산속까지 도로가 생기면서,

눈이 없는 황소개구리

발가락이 기형인 고리도롱뇽

진균에 감염된 계곡산개구리

한쪽 다리가 없는 기형 금개구리

피부와 턱에 병이 난 황소개구리   병에 걸려 몸이 부풀어 오른 도롱뇽

　짝을 짓거나 알을 낳기 위해 산에서 물이 있는 곳으로 이동하는 많은 양서류가 자동차에 깔려 죽기도 합니다.

　전체 양서류의 4분의 3 이상이 열대우림 지역에 분포합니다. 그런데 이곳에 있는 나라들 대부분은 늪이나 못을 메워 땅을 넓히고 댐을 건설하거나 도로를 만드는 등의 국토 개발에 온 힘을 기울이고 있습니다. 이와 같은 개발은 양서류가 살 곳을 앗아가기 때문에 양서류는 더욱 빠른 속도로 감소하고 있는 것이지요.

　서식지 감소와 더불어 농약과 같은 독성 물질의 문제도 심각합니다. 농작물을 기를 때 사용하는 농약은 양서류에게도 영향을 미칩니다. 농약에 오염된 먹이를 먹은 양서류는 농약의 독성 물질 때문에 기형으로 변하거나, 심할 경우에는 죽기도 하기 때문입니다.

32 깨끗한 게 좋아요~
한국꼬리치레도롱뇽

한국꼬리치레도롱뇽은 허파가 퇴화해 없어진 유미류입니다. 그래서 한국꼬리치레도롱뇽 호흡의 90퍼센트 이상을 피부로 합니다. 피부 호흡에 의존해야 하는 만큼 한국꼬리치레도롱뇽은 피부를 통해 산소를 쉽게 얻을 수 있는 곳에서만 살 수 있습니다. 즉, 한국꼬리치레도롱뇽은 '맑고 깨끗한' 산간 계곡에서만 삽니다. 그래서 한국꼬리치레도롱뇽이 사는 곳이라면 건강한 산간 계곡이라고 말할 수 있는 것이지요.

한국꼬리치레도롱뇽이 산소를 쉽게 얻으려면 일단 물속에 녹아 있는 산소의 양이 많아야 합니다. 물속에 녹을 수 있는 산소의 양은 대기 중의 산소의 양과 물속에 녹아 있는 각종 영양물질들, 그리고 물

온도의 영향을 받습니다. 물속에 녹아 있는 산소는 물속에 들어 있는 영양물질이 많을수록 줄어듭니다. 물속에 들어 있는 영양물질이 많으면 물속에 녹아 있는 산소를 써 버리는 미생물이 늘어나기 때문입니다. 또 물 온도가 높아질수록 물속에 녹아 있는 산소량이 줄어듭니다. 그래서 산간 계곡에 흐르는 물은 유기물질이 적게 쌓이고, 물의 온도가 낮아야 깨끗하다고 할 수 있습니다.

쉽게 말해서 한국꼬리치레도롱뇽이 살 수 있는 깨끗한 환경이란, 계곡 주위의 숲이 울창해서 개울물 안으로 직사광선이 잘 들지 않으며 (그래야 물의 온도를 낮게 유지할 수 있으니까요), 계곡 주위나 개울 안에는 음식물쓰레기나 다른 쓰레기들이 없는(그래야 물속에 영양물질이 적을 테

한국꼬리치레도롱뇽 알

한국꼬리치레도롱뇽 유생

한국꼬리치레도롱뇽

니까요) 상태라고 말할 수 있습니다.

일단 계곡에 쓰레기가 버려지면 물속에 사는 미생물이나 박테리아가 증가합니다. 이러한 생물들은 물속에 녹아 있는 산소를 많이 써 버리기 때문에 한국꼬리치레도롱뇽이 쓸 산소가 줄어들고, 결국에는 한국꼬리치레도롱뇽이 살 수 없는 환경으로 변하는 것이지요.

우리나라에는 250여 곳에 한국꼬리치레도롱뇽이 살고 있습니다. 그리고 전 세계 한국꼬리치레도롱뇽의 90퍼센트 이상이 우리나라에 분포하고 있습니다. 다시 말해 우리는 한국꼬리치레도롱뇽을 보호할 국제적인 권리와 의무를 동시에 짊어진 셈입니다. 한국꼬리치레도롱뇽을 보호하는 일이 우리나라의 산간 계곡을 맑고 깨끗하게 만드는 길이기도 하다는 점을 잊지 말아야 할 것입니다.

33 생태계를 위협하는 황소개구리

황소개구리는 원래 미국 사우스캐롤라이나주에만 사는 종이었습니다. 그런데 요즘엔 우리나라를 비롯해서 프랑스, 영국, 스페인 등 세계 여러 나라에서 흔히 볼 수 있지요. 미국에만 살던 황소개구리는 어떻게 세계 곳곳에서 살게 되었을까요? 그 이유는 바로 사람들이 앞장서서 황소개구리를 전 세계로 퍼뜨렸기 때문입니다.

우리나라는 1959년에 식용으로 쓰기 위해 일본에서 처음 수입했다고 합니다. 1971년부터는 농가의 소득을 늘리기 위해 미국이나 일본에서 들여와 전국으로 확산시켰고요. 이전까지 황소개구리는 양식되

었기 때문에 야생에서 볼 수 있는 동물은 아니었습니다. 그런데 양식장을 빠져나온 황소개구리와, 양식을 포기한 몇몇 농가가 주변 하천과 저수지에 풀어 놓은 황소개구리가 그 주위로 퍼져 살게 되었습니다. 그렇게 해서 우리나라의 야생 생태계로 들어온 황소개구리는 우리나라의 토종 생태계를 어지럽히는 대표적인 종이 되었습니다.

황소개구리

우리나라 생태계에서 개구리와 같은 양서류는 먹이사슬에서 중간 포식자 위치에 있습니다. 개구리는 곤충을 잡아먹는 주된 포식자이면서 동시에 자기보다 높은 단계의 포식자인 파충류, 조류, 포유류의 먹이가 되는 것이지요. 그러나 우리나라의 야생 생태계로 들어온 황소개구리는 우리나라에 사는 여러 개구리를 잡아먹는 것은 물론이고, 어류, 갑각류 심지어 높은 단계의 포식자인 뱀과 민물거북 같은 파충류까지 잡아먹는 난폭한 포식자가 되었습니다. 나아가 황소개구리는 새우, 참게와 같은 종의 양식장에 침입하여 그곳을 망쳐 놓는 등 직접적으로 인간에게 피해를 끼치기도 했지요.

황소개구리 알

황소개구리 올챙이

결국 1990년 중반에는 황소개구리가 전국 대부분의 지역에까지 퍼져 살게 되었습니다. 그러자 환경부도 이러한 황소개구리의 해로움을 인식하고, 황소개구리를 '생태계 교란 야생 동·식물'로 분류하여 관리하는 등 대책을 마련하기 위해 노력하고 있습니다.

〈생태계 교란 야생 동·식물〉이 뭔가요?

생태계 교란 야생 동·식물이란, 다른 나라에서 들어온 동·식물 가운데 우리나라 생태계의 균형을 깨거나 깰 염려가 있는 야생 동·식물을 일컫는 말입니다. 지금은 황소개구리를 포함한 동물 19종과 돼지풀을 포함한 식물 16종, 총 35종을 지정하여 관리하고 있습니다.

34 로드킬과 생태 이동 통로

로드킬Road-Kill이란, 야생동물이 도로에서 자동차에 치여 숨지는 것을 말합니다. 양서류는 물과 뭍의 생태계를 오가면서 생활하기 때문에 특히 로드킬로 인한 피해가 많은 편이지요.

그렇다면 왜 양서류의 로드킬이 자주 일어나는지, 큰산개구리의 예를 들어 알아볼까요?

큰산개구리는 산간 개울의 물속에서 겨울잠을 자고, 이른 봄 개울의 얼음이 녹기 시작하면 번식을 시작합니다. 2월 말에서 4월 초에 걸쳐서 번식한 다음, 큰산개구리는 개울에서 다시 그들이 주로 사는 야산으로 이동합니다.

차에 치여 죽은 물두꺼비

차에 치여 죽은 무당개구리

차에 치여 죽은 누룩뱀

차에 치여 죽은 능구렁이

차에 치여 죽은 유혈목이

차에 치여 죽은 삵괭이

| 1 | 2 | 3 |

다양한 생태 이동 통로. 1) 유도 담장. 생태 이동 통로 쪽으로 동물을 유도한다. 2) 유도 담장을 따라서 생태 이동 통로 쪽으로 이동하고 있는 큰산개구리. 3) 지하형 생태 이동 통로. 동물들이 도로 아래로 안전하게 이동하도록 한다.

    그런데 우리나라는 산이 많고, 산과 산 사이에 계곡이 많기 때문에 대부분의 도로가 산간 계곡의 좌우를 따라 만들어져 있습니다. 그러다 보니 번식이 끝난 큰산개구리들이 개울에서 야산으로 가기 위해서는 어쩔 수 없이 이런 도로들을 건너가야 하는 것이지요. 게다가 큰산개구리가 이동하는 시기는 사람들의 야외 활동이 많아 이동이 잦은 봄과 맞물려 로드킬이 더욱 자주 일어납니다.

    그렇다고 해서 큰산개구리들이 봄에만 위험한 것은 아닙니다. 늦가을 단풍이 물드는 시기는 또 어떤가요? 사람의 이동이 많아지는 늦가을에 큰산개구리는 산에서 겨울잠을 자는 곳인 물로 다시 이동하기 때문에 또다시 많은 개구리가 길에서 죽음을 맞습니다.

    여기서는 큰산개구리만을 예로 들었지만, 물과 뭍을 오가는 양서류의 특성을 떠올린다면 대부분의 양서류 종이 이러한 로드킬의 위험에 놓여 있는 셈입니다.

　　야생동물의 로드킬을 줄이기 위해서는 통로를 연결해 주는 것이 중요합니다. 다시 큰산개구리의 예를 든다면, 큰산개구리가 사는 개울과 산지를 이어 줘야 한다는 말입니다. 다행히 요즘에는 지방자치단체나 환경부에서 적잖은 예산을 투자해서 생태계와 생태계를 연결하는 생태 이동 통로를 만드는 데 힘을 쏟고 있습니다.

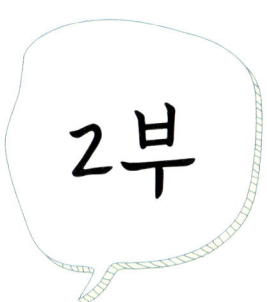

2부

우리나라에 사는 양서류

① 도롱뇽

도롱뇽은 우리나라 곳곳에 살고 있습니다. 도롱뇽은 머리가 납작하고 주둥이 끝이 둥글며, 두 눈이 튀어나온 것이 특징입니다. 몸빛은 암갈색 바탕에 검은색, 회색, 밝은 갈색의 작은 점무늬가 온몸 여기저기에 있습니다.

수컷 도롱뇽

암컷 도롱뇽

암컷의 몸빛이 수컷보다 조금 더 밝고, 반점도 더 눈에 띄는 편입니다. 번식기가 되면 수컷은 암컷보다 꼬리가 넓어지고, 머리도 더 크고 각진 모양으로 바뀌니까 구별하기가 더 쉽습니다.

산란 후 2시간이 지난 도롱뇽 알

알의 특징과 산란 형태: 도롱뇽은 이른 봄에 번식을 시작합니다. 평지에 사는 도롱뇽은 고인 물을 좋아해서 습지, 물웅덩이, 농수로 등에 알을 낳습니다. 산골짜기에 사는 도롱뇽은 계곡처럼 흐르는 물에 알을 낳거나 개울가의 돌 밑에 알을 낳기도 합니다. 마땅한 장소가 없을 때는 지하수가 흐르는 곳을 찾아 땅속에 알을 낳는 경우도 있습니다.

산란 후 24시간이 지난 도롱뇽 알

알은 돌이나 수중식물, 나뭇가지 등에 붙여서 두 줄로 낳습니다. 두 줄의 알주머니 안에는 대개 80~100개 정도의 알이 들어 있습니다.

도롱뇽 유생

올챙이를 잡아먹는 도롱뇽 유생

성체의 크기: 몸길이 7~15센티미터

번식기: 2월 중순~5월 말

분포 지역: 제주도, 경상남도와 남해안 그리고 서해안 지역을 제외한 우리나라 전 지역에서 삽니다.

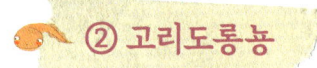
② 고리도롱뇽

고리도롱뇽은 2003년 부산광역시 기장군 장안읍 효암리에서 처음 발견되었습니다. 그전까지는 고리도롱뇽의 존재를 아무도 몰랐습니

고리도롱뇽 암컷(위)과 수컷(아래)

모여서 알을 낳는 고리도롱뇽

고리도롱뇽 알

다. 고리도롱뇽은 고리 원자력발전소를 중심으로, 울산광역시와 부산광역시에 이르는 지역에서 살고 있는 것으로 알려져 있습니다.

고리도롱뇽은 다리가 가늘고, 몸빛이 전체적으로 밝은 갈색인 것이 특징입니다. 특히 옆구리와 배 쪽이 밝은 갈색에 가까운 노란색을 띠는 경우가 많습니다. 온몸에는 짙은 갈색과 흰색의 작은 반점이 흩어져 있습니다. 다른 도롱뇽보다 꼬리뼈 개수가 적어서 몸통에 비해 꼬리가 짧아 보이는 것이 특징이지요.

알의 특징과 산란 형태: 고리도롱뇽은 눈이 녹는 이른 봄에 번식합니다. 알은 주로 바닷가 낮은 곳이나 습지, 논, 과수원 주변의 물웅덩이, 미나리를 키우는 논이나 그 주변 농수로 등에 낳습니다.

알은 보통 두 줄로 낳는데, 물속의 바위나 식물들 사이에 낳거나 나뭇가지에 붙여서 낳습니다. 알 주머니 하나에는 보통 30~100여 개의 알이 들어 있지요. 비록 짧은 시간이지만 알을 낳은 다음에 수컷이 알 주변에 머물러 있는 경우도 있습니다.

성체의 크기: 몸길이 7~12센티미터
번식기: 2월 말~4월 말

분포 지역: 부산광역시 기장군을 중심으로 북쪽으로는 울산광역시, 남쪽으로는 부산광역시에 이르는 지역에서 삽니다.

③ 제주도롱뇽

제주도롱뇽의 몸빛은 대개 갈색 바탕에 암갈색의 둥근 반점이 띄엄띄엄 있습니다. 그리고 온몸에 검은색, 흰색, 옅은 갈색의 작은 반점이 흩어져 있지요. 겉모습만으로는 다른 도롱뇽과 구별하기는 어렵습니다.

제주도롱뇽도 고리도롱뇽처럼 암컷이 산란한 알을 수컷이 한동안 보호하는 것이 특징입니다.

알의 특징과 산란 형태: 제주도롱뇽은 이른 봄부터 번식을 합니다.

제주도에서는 주로 낮은 지대의 농경지 주변 물웅덩이와 농수로 주변과 낮은 숲 지대에 있는 곶자왈 주변에 알을 낳습니다. 곶자왈은 덩굴 식물과 이끼, 암석 등이 뒤섞인 제주도의 독특한 숲을 가리킵니다. '곶자왈'은 제주도 사투리인데, '곶'은 숲을 의미하고 '자왈'은 자갈이나 바위 같은 돌멩이를 뜻한다고 합니다.

남해안과 변산반도 주변에서는 산간 계곡의 가장자리와 습지, 농경지 주변 농수로 등 다양한 장소에 알을 낳습니다.

제주도롱뇽 암컷(위)과 수컷(아래)

산란 후 24시간이 지난 제주도롱뇽 알

알은 두 줄로 낳는데, 두 줄의 알 주머니 속에는 보통 60~100여 개의 알이 들어 있습니다.

성체의 크기: 몸길이 7~15센티미터

번식기: 2월 초~4월 말

분포 지역: 주로 제주도에 살고, 전라남도 진도와 경상남도 거제도를 비롯한 남해안 일부 지역과 전라남도 해남, 충청남도 서천 등을 포함하는 서해안 변산반도 일부 지역에서 삽니다.

④ 꼬마도롱뇽

꼬마도롱뇽은 전라남도 고흥의 나로도 섬과 인근 지역에서 2011년 처음 발견되었으며, 신종으로는 최근인 2016년에 등록되었습니다. 암컷 꼬마도롱뇽이 낳은 한 쌍의 알 주머니는 대부분 하나씩 분리되어 있어, unicus(하나의), saccus(주머니)라는 종소명을 가지게 되었습니다. 국명으로는 도롱뇽, 제주도롱뇽, 고리도롱뇽 등에 비해서 크기가 작아, 꼬마도롱뇽이라는 이름을 붙였습니다. 등 쪽은 흑갈색이며, 황

색 또는 암갈색의 작은 얼룩무늬가 있습니다. 몸통은 긴 편이지만 꼬리가 짧으며, 뒷발의 다섯 번째 발가락이 잘 발달되어 있습니다.

알의 특징과 산란 형태: 꼬마도롱뇽은 이른 봄에 번식합니다. 알은 논바닥, 논이나 밭 주변의 물웅덩이, 농수로 등에 낳습니다. 알은 한 쌍의 알 주머니에 낳지만, 거의 모든 알 주머니가 각각 분리되어 있습니다. 알 주머니는 C 또는 O 자 모양으로 감겨 있고, 크기가 매우 작아 어떤 알 주머니는 500원짜리 동전 크기만 합니다. 보통 한 번에 17~88여 개의 알을 낳습니다.

성체의 크기: 몸길이 3.8~6센티미터

번식기: 2월 말~3월 말

꼬마도롱뇽과 알 주머니 (사진 제공: 백혜준)

꼬마도롱뇽의 서식지 (사진 제공: 백혜준)

분포 지역: 전라남도 지역의 고흥, 순천, 보성, 여수 등에만 분포가 보고되어 있습니다.

⑤ 한국꼬리치레도롱뇽

세계적으로 러시아, 중국, 일본, 한국에 걸쳐 4종의 꼬리치레도롱뇽이 있는데, 한국에는 한국꼬리치레도롱뇽이 살고 있습니다.

한국꼬리치레도롱뇽은 주로 고산 지대의 나무가 울창한 계곡 주변에 삽니다. 허파가 퇴화하여 다 자란 뒤에도 피부를 통해 호흡하는 것이 특징인데, 그래서 한국꼬리치레도롱뇽이 살기 위해서는 습기가 잘

한국꼬리치레도롱뇽 수컷

한국꼬리치레도롱뇽 암컷

유지되는 환경이 갖추어져 있어야 합니다.

1년 만에 다 자라는 도롱뇽이나 고리도롱뇽, 꼬마도롱뇽, 제주도롱뇽과 달리 한국꼬리치레도롱뇽은 2~3년이 지나야 다 자랍니다. 또 여느 도롱뇽들과는 달리 몸통에 비해 꼬리가 훨씬 길고, 눈이 유난히 튀어나온 것이 특징이지요.

다 자란 한국꼬리치레도롱뇽의 몸빛은 연한 황갈색 바탕에 주둥이부터 꼬리 끝까지 밝은 갈색의 작은 얼룩무늬가 흩어져 있습니다. 한곳에 사는 한국꼬리치레도롱뇽 무리 안에서도 다양한 피부 무늬를 관찰할 수 있습니다. 줄무늬, 큰 얼룩무늬, 잔 얼룩무늬 등등 다양한 무늬가 있습니다. 또 발가락 끝에 검은색 발톱이 있는 것도 한국꼬리치레도롱뇽의 특징입니다.

모여서 알을 낳는 한국꼬리치레도롱뇽

물속 바위에 붙어 있는 알 주머니

한국꼬리치레도롱뇽 유생

한국꼬리치레도롱뇽의 다양한 피부 무늬

알의 특징과 산란 형태: 한국꼬리치레도롱뇽은 땅속의 물길에 알을 낳기 때문에 알을 관찰하기가 매우 어렵습니다. 한국꼬리치레도롱뇽의 알은 여느 도롱뇽 알에 비해 크고, 흰색 또는 밝은 노란색입니다.

두 줄의 알 주머니는 보통 물속의 동굴 벽, 바위 아래, 자갈 등에 붙어 있는데, 알 주머니 하나에 지름 40~50밀리미터의 알이 10~14개씩 들어 있습니다.

성체의 크기: 몸길이 15~20센티미터

번식기: 3월 중순~6월 중순

분포 지역: 제주도를 제외한 우리나라 전 지역, 숲이 울창하고 1년 내내 물이 풍부한 산간 계곡에서 볼 수 있습니다.

⑥ 네발가락도롱뇽

　네발가락도롱뇽은 남한에는 살지 않으며, 북한과 러시아, 중국 등의 고산 지대의 습지와 고인 물 주변에 서식한다고 알려져 있습니다. 네발가락도롱뇽의 가장 큰 특징은 앞발과 뒷발 모두 발가락이 네 개씩이라는 점입니다. 왜냐하면 다른 도롱뇽은 모두 앞발가락이 네 개, 뒷발가락이 다섯 개이기 때문입니다.

　네발가락도롱뇽의 몸빛은 파란색을 띠는 갈색이고, 머리부터 꼬리 끝까지 적갈색의 띠가 등을 따라 난 것이 또 하나의 특징입니다. 몸통 옆의 흑갈색 점들은 등을 따라 나란하게 있는데, 꼬리 쪽으로 갈수록 불규칙해집니다. 배 쪽은 옅은 회색에 어두운 파란색 얼룩무늬가 흩어져 있습니다.

네발가락도롱뇽 수컷(사진 제공: 마사토 하스미 교수)

네발가락도롱뇽 암컷(사진 제공: 마사토 하스미 교수)

네발가락도롱뇽 수컷(사진 제공: 마사토 하스미 교수)

알의 특징과 산란 형태: 네발가락도롱뇽은 고산 지대의 습지와 물웅덩이 또는 계곡 주변에 알을 낳습니다. 알 덩어리는 다른 도롱뇽들처럼 한 쌍의 긴 끈 모양이며, 안쪽으로 구부러져 있습니다. 알 덩어리 하나에 대개 40~80개의 알이 들어 있지요. 보통 7월과 8월 무렵에 유생을 볼 수 있습니다.

성체의 크기: 몸길이 4~6센티미터

번식기: 6월 말~7월 초

분포 지역: 북한 함경북도, 러시아, 중국 등의 아시아 북부 지역에 주로 분포합니다. 그러나 남한에서는 발견된 적이 없습니다.

⑦ 이끼도롱뇽

　이끼도롱뇽은 북아메리카와 유럽에서만 발견되다가 2005년에 우리나라에서도 발견되었습니다. 이끼도롱뇽은 주로 숲이 울창한 계곡의 고목나무 근처, 이끼가 많은 바위나 돌 아래와 같이 습기가 많은 곳에 삽니다.

　이끼도롱뇽의 머리는 작은 세모꼴이고, 꼬리 길이는 몸통 길이와 거의 같습니다. 그래서 몸이 전체적으로 가늘고 긴 모양이지요. 우리

이끼도롱뇽

이끼도롱뇽 뒷발가락에 있는 물갈퀴

나라에 사는 다른 도롱뇽과 비교하면 작은 편에 속하고, 몸빛은 짙은 밤색입니다. 등에 황갈색의 작은 점무늬가 흩어져 있는데, 이것들은 꼬리 쪽으로 갈수록 많아져 한 줄로 줄무늬를 이루기도 합니다. 그런가 하면 옆구리와 배 그리고 발에 작은 흰색 반점이 있습니다.

　　이끼도롱뇽은 발가락 사이에 자그마한 물갈퀴가 있습니다. 이것은 다른 도롱뇽에게는 없는 이끼도롱뇽만의 특징이지요.

　　알의 특징과 산란 형태: 이끼도롱뇽에 관한 연구는 여전히 진행 중입니

다. 이끼도롱뇽이 속하는 미주도롱뇽 무리처럼 알을 낳아 나무 그루터기 또는 돌 아래에 붙이는 것으로 알려져 있습니다.

　　성체의 크기: 몸길이 8~12센티미터
　　번식기와 번식 행동: 지금까지 명확하게 알려진 것이 없습니다.

　　분포 지역: 대전광역시에 있는 장태산에서 제일 처음 발견되었습니다. 강원도 평창·삼척, 충청북도, 대전, 충청남도에 주로 분포하며, 남으로는 전라북도 완주·진안, 경상남도 거창에도 분포합니다.

① 큰산개구리

    큰산개구리는 우리나라에 사는 산개구리 중에 가장 몸집이 큽니다. 몸 전체가 갈색 또는 짙은 갈색이고, 뒷다리에는 흑갈색의 불규칙한 줄무늬가 있습니다. 눈 뒤부터 고막을 거쳐 입 가장자리 끝까지 검은색 무늬가 있고, 눈 뒤부터 항문까지 밝은 갈색의 가느다란 두 줄이 양쪽 등에 있습니다.

    번식기에 수컷의 배는 주로 흰색이고, 암컷의 배는 노란색과 붉은색입니다. 개체에 따라서는 암컷과 수컷 모두 배에 작은 검은색 반점이 부분적으로 나타나기도 합니다. 수컷은 암컷에 비해 조금 더 작고, 한 쌍의 울음주머니가 잘 발달한 것이 특징입니다.

    겨울잠은 주로 계곡과 하천 물속에서 자는데, 간혹 땅속에서 자

큰산개구리 암컷

큰산개구리 수컷

는 경우도 있습니다.

알 모양과 산란 특성: 큰산개구리는 알 덩어리 하나를 낳는데, 대부분 공처럼 둥근 모양입니다. 알 덩어리의 지름은 약 10~20센티미터로 산개구리류 중에서 가장 큽니다. 알 덩어리 하나에 보통 500~3,000개의 알이 들어 있습니다. 큰산개구리의 알은 덩어리로 되어 있지만, 알 덩어리의 점성도(차지고 끈끈한 성질의 정도)가 꽤 낮아서 손으로 들면 여러 개로 쉽게 분리됩니다.

큰산개구리는 물살이 약한 하천 가장자리에 알을 낳기도 하지만, 대부분은 산과 이웃한 물웅덩이나 물이 있는 논, 농수로 등에 알을 낳습니다. 장소에 따라서는 여러 마리가 한꺼번에 알을 낳기도 합니다.

큰산개구리 알

큰산개구리 유생

유생의 생김새: 몸통은 달걀형이고, 꼬리가 몸통보다 두 배 정도 더 깁니다. 꼬리에는 얼룩덜룩한 검은 점들이 흩어져 있습니다. 큰산개구리의 올챙이를 위에서 보면, 콧구멍과 눈은 머리 윗면에 있고, 입을 통해 들어간 물이 몸통 왼쪽에 뚫려 있는 기문(숨구멍)을 통해 나옵니다.

성체의 크기: 몸길이 6~7센티미터

번식기: 2월 말~3월 말

분포 지역: 우리나라 전국 내륙의 산지, 산과 이웃한 농경지, 계곡, 하

천 등에 널리 서식하고 있습니다. 특히 번식기에는 산지 주변의 물이 고인 논이나 물웅덩이, 계곡과 하천 가장자리에서 여러 마리를 쉽게 관찰할 수 있습니다.

울음소리: 큰산개구리의 울음소리는 높고 맑습니다. 빠르게 '으 가가 가가각' 하는 소리로 들리며, 이러한 소리를 여러 번 반복해서 냅니다.

② 계곡산개구리

계곡산개구리는 큰산개구리와 한국산개구리의 중간 정도 크기입니다. 머리가 여느 산개구리들보다 조금 뭉툭한 것이 특징이지요. 몸빛은 적갈색이나 암갈색을 띠고, 크고 작은 흑갈색 반점이 온몸에 흩어져 있습니다. 큰산개구리와 마찬가지로, 눈 뒤쪽부터 고막을 거쳐 입 가장자리 끝까지 검은색 무늬가 있습니다. 눈 뒤부터 항문에 이르기까지 밝은 갈색의 가느다란 두 줄이 등에 있지만, 뚜렷하게 나타나지 않는 개체도 있습니다. 수컷이 암컷에 비해 조금 더 작습니다.

번식기가 되면 수컷의 배는 우윳빛을 띠고, 암컷은 주로 노란색을 띱니다. 목덜미 아래와 겨드랑이 아랫부분에 흑갈색 반점이 많은 것이

계곡산개구리 암컷   계곡산개구리 수컷

특징입니다. 큰산개구리와는 달리 울음주머니는 잘 발달되어 있지 않습니다.

　겨울잠은 큰산개구리와 마찬가지로 산속 계곡과 하천의 물속 또는 땅속에서 잡니다.

　알의 모양과 산란 특성: 계곡산개구리는 알 덩어리를 하나만 낳습니다. 알 덩어리의 지름은 약 6~14센티미터로, 큰산개구리의 알 덩어리보다는 작고 좀 더 공 모양에 가까운 것이 특징이지요. 알 덩어리에는 보통 500~3,000개의 알이 들어 있습니다. 계곡산개구리의 알은 알 사이의 점성도가 높아서 서로 잘 떨어지지 않습니다.

모여서 알을 낳는 계곡산개구리

계곡산개구리 유생

계곡산개구리는 대부분 계곡과 하천에 알을 낳습니다. 하천 주변과 물웅덩이에 낳기도 하지만 매우 특별한 경우이지요. 알은 계곡과 하천에서 물살이 약한 가장자리에 있는 바위나 바위 바닥에 붙입니다. 계곡산개구리 알도 큰산개구리와 마찬가지로, 장소에 따라서는 여러 마리가 한꺼번에 알을 낳기도 합니다.

유생의 생김새: 몸통은 달걀형이며, 꼬리가 몸통보다 두 배 정도 더 깁니다.

계곡산개구리 올챙이는 큰산개구리와 달리 검은 반점이 거의 없습니다. 올챙이를 위에서 보면, 콧구멍과 눈은 머리 윗면에 있고, 입을 통해 들어간 물이 몸통의 왼쪽에 뚫려 있는 기문을 통해 나옵니다.

성체의 크기: 몸길이 4~6.5센티미터
번식기: 2월 말~4월 중순

분포 지역: 경기도, 강원도, 경상도, 전라도 일대의 고산 지역에서만 살고 있습니다. 번식기에는 주로 산간 계곡이나 산지와 이웃한 하천에서 관찰할 수 있습니다.

③ 한국산개구리

우리나라에 사는 산개구리 중에서 가장 작은 종입니다.

몸빛은 진한 갈색인데, 주둥이 앞부터 콧구멍과 눈을 지나 주둥이 뒷부분까지 검은 무늬가 이어져 있습니다. 윗입술을 따라 주둥이 전체에 가느다란 흰색 줄무늬가 있는 것이 특징이지요. 등에는 밝은 갈색의 가는 줄무늬가 두 줄 있습니다.

번식기가 되면 수컷의 배는 밝은 흰색, 암컷은 주황색과 붉은색을 띱니다. 수컷은 암컷에 비해 조금 더 작고, 울음주머니가 발달되어 있

지 않습니다. 큰산개구리와 계곡산개구리에 비해 몸이 전체적으로 가늘고 발가락이 긴 것이 특징입니다.

겨울잠은 계곡과 하천 물속에 있는 돌이나 물에 떨어진 낙엽 아래에서 잡니다.

한국산개구리 수컷

알의 모양과 산란 특성: 한국산개구리는 공처럼 둥근 알 덩어리를 한 개만 낳습니다. 알 덩어리의 지름은 약 8~10센티미터로, 산개구리 중에 가장 작습니다. 보통 알 덩어리에는 500~2,000개의 알이 들어 있습니다. 알 사이의 점성도가 높아 알들은 서로 잘 떨어지지 않습니다.

가끔 하천 부근에 알을 낳기도 하지만, 대부분 물이 고인 농경지나 산지 주변의 습지, 농수로 주변에 알을 낳습니다. 주로 고여 있는 물속에 산란하며, 다른 물체에 붙이지는 않습니다. 큰산개구리의 알 덩어리와 비슷한 장소에서 발견되지만, 한국산개구리의 알 덩어리가 훨씬 작기 때문에 쉽게 구별됩니다.

한국산개구리 암컷

한국산개구리 알

한국산개구리 유생

유생의 생김새: 몸통은 달걀형이며, 꼬리가 몸통보다 약 두 배 더 깁니다.

한국산개구리 올챙이는 큰산개구리 올챙이와 마찬가지로 꼬리에 검은 반점이 흩어져 있지요. 올챙이를 위에서 보면, 콧구멍과 눈은 머리의 윗면에 있고, 물이 나오는 기문은 몸통의 왼쪽을 향해 나 있으며, 항문은 오른쪽을 향해 뚫려 있습니다.

성체의 크기: 몸길이 3.5~4.5센티미터

번식기: 2월 말~3월 말

분포 지역: 경기도, 강원도, 전라도를 비롯한 우리나라 전 지역에 걸쳐 산과 이웃한 농경지, 물웅덩이와 습지 등에 서식하고 있습니다. 번식기가 끝나도 산지 주변의 고인 물이 있는 논이나 물웅덩이, 습지에 그대로 남아 생활하기 때문에 쉽게 발견할 수 있습니다.

울음소리: 한국산개구리의 울음소리는 낮고 맑습니다. '뽁 뽁 뽁 뽁' 하는 소리로 들리며, 이러한 소리를 여러 번 반복해서 냅니다.

🐸 산개구리 비교

우리나라에는 모두 세 종의 산개구리(큰산개구리, 계곡산개구리, 한국산개구리)가 삽니다. 이제까지 살펴본 특징들을 참고로, 이 세 종의 산개구리들을 좀 더 자세히 비교해 볼까요?

큰산개구리 배   계곡산개구리 배   한국산개구리 배

비교 하나 크기와 특징

크기를 비교해 보면 큰산개구리가 가장 크고 한국산개구리가 가장 작습니다.

한국산개구리는 주둥이 모양이 다른 두 종에 비해 가장 뾰족합니다. 또 윗입술을 따라 주둥이 전체에 흰색 줄무늬가 있고, 콧구멍부터 눈을 지나 고막 뒤쪽까지 검은 무늬가 길게 연결되어 있는 것이 특징이지요.

큰산개구리와 계곡산개구리는 머리 양쪽에 검은 줄무늬가 눈부터 고막 뒤쪽까지만 있는 것이 공통된 특징입니다.

한국산개구리

겉모습을 보면 큰산개구리와 계곡산개구리가 매우 비슷합니다. 다만, 큰산개구리가 계곡산개구리보다 조금 크다는 점이 다릅니다. 또 수컷 큰산개구리는 양쪽 턱 아래에 울음주머니가 잘 발달되어 있는 반면, 계곡산개구리는 울음주머니가 잘 발달되어 있지 않습니다.

계곡산개구리

계곡산개구리는 큰산개구리나 한국산개구리에 비해 등과 배에 암갈색 또는 검은색의 작은 반점이 유난히 많습니다. 또 주둥이가 큰산개구리에 비해 조금 뭉툭한 것이 특징이지요.

큰산개구리

0   5   10cm
산개구리류의 크기 비교

비교 둘 산란지와 알

우리나라에 사는 산개구리류의 알은 모두 공 모양입니다. 여러 마리가 한곳에서 덩어리로 알을 낳는 것이 공통적인 특징이지요. 알 덩

포접한 큰산개구리

포접한 계곡산개구리

포접한 한국산개구리

어리는 개구리 크기처럼 큰산개구리가 가장 크고, 한국산개구리가 가장 작습니다.

산개구리류는 종류마다 선호하는 산란지가 다르며, 산란하는 방법도 저마다 독특합니다. 먼저 산란 장소별로 살펴보면, 큰산개구리와 한국산개구리는 계곡과 하천 주변보다 산지 부근에 있는 물웅덩이 또는 습지, 물이 차 있는 논 등 고여 있는 물을 더 좋아합니다. 한편 대부분의 계곡산개구리는 주로 산간 지역의 계곡과 하천의 가장자리에 산란하고, 때로 고인 물에 산란하기도 합니다.

큰산개구리와 한국산개구리는 주로 고인 물에 산란하기 때문에 다른 물체에 알 덩어리를 붙이지는 않습니다. 또 여러 마리가 한꺼번에 알을 낳는 습성 때문에 알 덩어리끼리 붙어 있는 경우도 많지요.

계곡산개구리는 산란지로 하천과 계곡을 선호하는데, 흐르는 물에 알이 휩쓸려 가는 것을 막기 위해 물살이 약한 하천과 계곡의 가장자리나 물살이 약한 곳의 바위나 바위 바닥에 알 덩어리를 단단하게 붙입니다. 계곡산개구리의 알 덩어리는 서로 단단하게 붙어 있어 손으로 들었을 때 잘 떨어지지 않는 것이 특징이지요. 반면 큰산개구리의 알덩어리는 크고, 알끼리의 점성도가 낮아 손으로 들면 여러 개의 덩어리로 떨어지는 것이 특징입니다.

따라서 큰산개구리와 계곡산개구리, 한국산개구리의 알 덩어리는 크기와 산란 장소, 산란 형태를 비교해 보면 쉽게 구별할 수 있습니다.

논에 산란한 큰산개구리 알

계곡 바위에 산란한 계곡산개구리

논에 산란한 한국산개구리 알

④ 무당개구리

　무당개구리는 우리나라에 사는 양서류 중에서 가장 몸 색이 화려한 개구리로, 전국의 고산 지대에서 흔히 볼 수 있습니다.

　무당개구리의 등은 초록색 바탕에 검은색 반점이 흩어져 있고, 배는 붉은색 또는 주황색 바탕에 검은 반점이 있는 것이 특징입니다. 무당개구리 등에 있는 얼룩무늬는 사는 곳에 따라 차이가 큰데, 등 전체가 검은색인 경우도 있습니다. 무당개구리 등에는 자극적인 냄새와 끈적끈적한 점액을 분비하는 여러 개의 분비샘들이 크고 작은 돌기 모양으로 나 있습니다. 반대로 배는 매우 매끈하지요.

　수컷 무당개구리의 울음주머니는 잘 발달되어 있지 않습니다. 수

무당개구리 수컷

무당개구리 암컷

컷 무당개구리는 암컷에 비해서 등에 있는 분비샘이 좀 더 촘촘하고 두드러집니다. 암컷 무당개구리는 수컷에 비해서 몸집이 조금 더 크고 발가락이 길쭉한 것이 특징이지요.

무당개구리는 위협을 느끼면 몸을 뒤집어 빨간 배를 보여 주는 특이한 행동을 합니다. 이러한 행동은 자기가 독을 가지고 있다는 것을 포식자에게 경고하는 의미라고 알려져 있습니다.

무당개구리의 배

겨울잠은 계곡 주변의 돌무덤이나 땅속에서 잡니다.

알의 모양과 산란 특성: 무당개구리는 알을 덩어리로 낳지 않고, 암컷 한 마리가 10~20개의 알을 흩뿌려 낳습니다. 종종 알들은 한두 개 또는 대여섯 개씩 작은 사슬을 이루어 물속의 나뭇가지나 물풀, 낙엽 등에 붙어 있습니다.

무당개구리는 산간 계곡 가장자리의 물웅덩이나 습지, 농경지 주변의 수로에 알을 낳습니다. 고여 있는 물을 좋아하지만 물살이 약한 계곡의 가장자리나 농수로에 알을 낳는 경우도 있습니다.

무당개구리 알

무당개구리 유생

갓 변태한 무당개구리

유생의 생김새: 무당개구리 유생은 다른 개구리 유생에 비해 눈이 유난히 작은 것이 특징입니다. 무당개구리 유생을 위에서 보면, 눈은 윗면을 향해 있고, 물이 나오는 기문은 배 쪽 정중앙에 있으며, 항문의 끝은 꼬리를 따라 중앙으로 향해 있습니다.

물속에 있는 무당개구리 유생을 관찰해 보면, 머리와 몸통이 8자 모양으로 뚜렷하게 보입니다. 이것 역시 무당개구리 유생만의 특징이지요.

성체의 크기: 몸길이 4~5센티미터
번식기: 4월 중순~6월 말

분포 지역: 제주도를 비롯한 우리나라 어디에서나 삽니다. 산지 주변이나 계곡에서 주로 발견되고, 평야 지대의 하천 주변에서도 관찰할 수 있습니다.

울음소리: 무당개구리는 '옹'과 '꿍'의 중간 소리를 내며 웁니다. 이와 같은 소리를 여러 번 반복해서 냅니다.

⑤ 두꺼비

두꺼비는 우리나라에 사는 양서류 중에서 황소개구리와 함께 큰 편에 속합니다.

몸빛은 옅은 갈색을 띠며, 등과 다리 위에 적갈색 무늬가 불규칙하게 있습니다. 눈 뒤에서 고막 위를 지나 몸통의 옆으로 흑갈색 줄무늬가 있지요. 배는 보통 옅은 갈색 또는 회백색을 띠며, 아주 작고 검은 반점들이 흩어져 있기도 합니다. 몸 전체에는 점액질을 분비하는 작은 돌기(분비샘)가 매우 많이 나 있습니다.

고막은 눈 뒤에 뚜렷하게 나타나 있습니다. 또 귀 뒤에 있는 독샘인 귀밑샘이 발달하여 위에서 보면 머리의 양쪽에 두 개의 돌기가 불룩하게 나와 있는 것을 볼 수 있습니다.

두꺼비 암컷

두꺼비 수컷

수컷 두꺼비는 암컷에 비해 크기가 작습니다. 두꺼비는 다른 개구리들에 비해 네발이 짧은 것이 특징입니다. 수로 야행성이며, 낮에는 나무 밑동이나 돌무더기 사이에 뒷발을 이용하여 만든 은신처에 숨어

포접한 두꺼비   알을 낳는 두꺼비

지냅니다.

　겨울잠은 나무뿌리나 큰 바위 아래에 굴을 파고 들어가 땅속에서 잡니다.

　두꺼비는 긴 줄 모양으로 된 알 주머니를 두 줄 넣습니다. 두꺼비의 알 주머니에는 작은 알들이 불규칙하게 들어가 있습니다.

　알 주머니 길이는 보통 5~20미터 정도이고, 알 주머니에는 보통 6천~1만 4천 개의 알이 들어 있습니다.

　두꺼비는 여러 마리가 한곳에 모여 알을 낳습니다. 그래서 알 덩어리가 큰 무리를 이루기도 하지요. 두꺼비는 주로 저수지나 연못처럼 물이 많은 곳에 알을 낳는데, 알을 주변에 있는 물풀 또는 죽은 물풀 따위의 밑동에 여러 번 감아 두는 것이 특징입니다.

두꺼비 알

유생의 생김새: 몸통은 달걀형이고, 유생일 때도 머리의 양쪽에 작은 돌기가 있습니다. 이 돌기들은 성체가 된 이후에 귀밑샘으로 자라게 됩니다.

몸빛은 다른 종에 비해서 유난히 검고, 꼬리에 반점은 없습니다. 올챙이를 위에서 보면, 콧구멍과 눈은 머리의 윗면에 있고, 물이 나오는 기문은 몸통의 왼쪽을 향해 나 있으며, 항문은 꼬리를 따라 정중앙을 향해 뚫려 있습니다.

두꺼비 유생

성체의 크기: 몸길이 6~12센티미터
번식기: 2월 말~4월 초

분포 지역: 우리나라 전 지역에서 삽니다. 번식기에 산과 이웃한 저수지나 연못, 습지 등에서 볼 수 있으며, 번식기가 지난 뒤에는 물을 떠나 육지에서 생활합니다.

갓 변태한 두꺼비

울음소리: 두꺼비는 몸 크기에 비해 작고 빠른 울음소리를 냅니다. '꼭' 또는 '꼭 꼭 꼭 꼭' 하는 소리로 들리며, 이러한 소리를 빠르게 여러 번 반복합니다.

⑥ 물두꺼비

물두꺼비는 두꺼비와 비슷하게 생겼습니다. 그러나 두꺼비보다 작고, 눈 뒤에 고막이 뚜렷하지 않아 두꺼비와 쉽게 구별할 수 있지요.

수컷 물두꺼비의 몸은 짙은 암갈색과 초록색입니다. 수컷과 달리 암컷 물두꺼비는 주로 짙은 갈색과 붉은색인데, 수컷보다 크고 발가락이 가늘고 긴 것이 특징입니다. 그러나 지역에 따라서는 이러한 암컷과 수컷의 몸빛이 다르게 나타나기도 합니다.

물두꺼비는 등 중앙에 회백색 또는 옅은 갈색의 세로줄이 있는 것이 특징입니다. 배는 암수 모두 옅은 회백색이며, 아주 작고 검은 반점이 흩어져 있기도 합니다. 두꺼비와 비교하면 물두꺼비의 분비샘들은 크기가 작고 드문드문 있는 것이 특징입니다. 두꺼비와 마찬가지로 물두꺼비도 귀 뒤에 있는 독샘인 귀밑샘이 발달하여 머리 양쪽에 돌기 두 개가 불룩하게 나와 있습니다.

물두꺼비 수컷

물두꺼비 암컷

　겨울잠은 흐르는 계곡의 물속에 있는 돌 아래에서 두세 마리씩 모여서 잡니다. 여느 종과 달리 암수가 포접한 상태로 겨울잠을 자는 것이 특징입니다.

　알의 모양과 산란 특성: 물두꺼비는 긴 줄 모양으로 된 알 주머니 안에 알을 낳습니다. 두꺼비의 알과 달리 알 주머니 안에 있는 알은 한 줄로 잘 나열되어 있습니다. 알 주머니의 길이는 보통 3~5미터 정도이고, 알 주머니 하나에 보통 1천 개의 알이 들어 있습니다.

　물두꺼비는 물살이 약한 산간 계곡이나 흐르는 물에 알을 낳습니다. 두꺼비와 마찬가지로, 물두꺼비 역시 알을 물속에 그대로 두지 않

포접한 물두꺼비

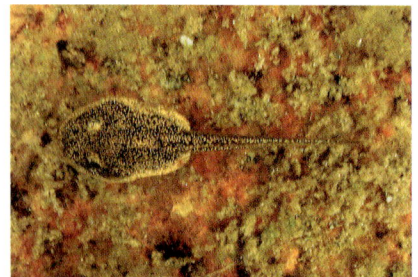
물두꺼비 유생

갓 변태한 물두꺼비

물두꺼비 알

고, 알이 물살에 쓸려가지 않도록 주변에 있는 바위나 자갈, 모래에 알을 붙입니다.

유생의 생김새: 몸통은 달걀형으로 둥글고, 주로 흑갈색입니다. 꼬리에는 아주 작은 검은색 반점이 흩어져 있습니다. 올챙이를 위에서 보면, 콧구멍과 눈은 머리 윗면에 있고, 물이 나오는 기문은 몸통의 왼쪽을 향해 나 있으며, 항문은 꼬리를 따라 정중앙을 향해 뚫려 있습니다.

성체의 크기: 몸길이 4~6.5센티미터
번식기: 4월 초~4월 말

분포 지역: 강원도와 같이 산지가 많은 지역에서 주로 삽니다. 경기도 일부 지역, 충청북도 단양과 경상북도 영주, 지리산에도 사는 것으로 확인되었습니다. 두꺼비와 달리 계곡이나 산간 습지 등 물과 이웃한 곳에서

볼 수 있습니다.

울음소리: 물두꺼비는 낮고 빠른 울음소리를 냅니다. '뽁' 또는 '뽁 뽁 뽁 뽁' 하는 소리로 들리며, 이러한 소리를 빠르게 반복합니다.

⑦ 참개구리

참개구리는 우리나라 전 지역에서 흔히 볼 수 있는 개구리입니다.

참개구리의 가장 큰 특징은 등에 줄이 세 줄 있다는 점입니다. 눈 뒤쪽부터 양쪽 등을 거쳐 항문에 이르기까지 연갈색의 두 줄이 있고, 주둥이부터 두 눈 사이를 지나 항문까지 회백색의 줄무늬가 한 줄 있습니다. 가끔 가운데 있는 회백색 줄이 끊어져 있거나 매우 두꺼운 참개구리도 있습니다. 세 줄의 등줄 사이에는 여러 개의 짧은 줄들이 있습니다.

청개구리와 마찬가지로, 참개구리 역시 몸빛이나 등

참개구리 수컷

참개구리 암컷

포접한 참개구리

에 있는 줄이 주변 환경에 따라 갈색에서 초록색으로 다양하게 변하기도 합니다.

등과 다리에는 검은색, 진갈색의 반점이 흩어져 있는데, 이러한 반점이 뒷다리 근처에서는 굵은 선 모양입니다. 배는 대부분 흰색이지만, 목덜미 아래에 검은 반점이 흩어져 있는 경우도 있습니다.

참개구리는 낮은 지대에서 높은 지대까지 매우 다양한 환경에 적응하며 삽니다. 활동기에는 주로 물 밖으로 나와 먹이를 잡거나 햇볕을 쬐다가 사람이 다가가면 높고 빠르게 뛰어 물속으로 들어갑니다.

겨울잠은 주로 농경지의 둑이나 저수지의 제방처럼 습한 땅속에서 잡니다.

알의 모양과 산란 특성: 참개구리는 알을 큰 덩어리 하나로 낳습니다. 알 덩어리의 전체 지름은 약 20센티미터 정도이고, 알 하나의 지름은 1.6~1.8밀리미터 정도이지요. 알 사이의 점성도가 낮아서 손으로 잡으면 쉽게 서로 떨어집니다. 참개구리는 알을 특별히 붙여 두지 않고, 물속에 있는 죽은 식물의 줄기 사이에 걸쳐 놓습니다.

유생의 생김새: 유생의 머리는 둥근 타원형입니다. 눈은 바깥쪽으로 나 있고, 등지느러미는 머리 뒤끝에서 시작됩니다. 꼬리는 머리 길이의 두 배가 약간 넘는데, 끝으로 갈수록 가늘어지고 끝이 뭉툭하지요. 유생을 위에서 보면, 눈이 머리 윗면에 있으며, 물이 나오는 기문은 몸통 왼쪽에 있고, 항문은 오른쪽을 향해 있습니다.

부화한 뒤 어느 정도 성장한 유생은, 성체와 마찬가지로 주둥이부터 몸통의 등 가운데에 흰색 줄무늬가 나타납니다.

참개구리 알

참개구리 유생

성체의 크기: 몸길이 5~15센티미터
번식기: 4월 중순~6월 초

분포 지역: 제주도를 비롯한 우리나라 전 지역에 삽니다. 농경지, 습지, 저수지처럼 물이 있는 곳이면 어디에서든 볼 수 있습니다.

갓 변태한 참개구리

울음소리: 참개구리의 울음소리는 '까가가각' 하는 소리로 들리며, 이

러한 소리를 반복해서 냅니다. 전국 대부분 지역에서 청개구리와 비슷한 시기에 번식하기 때문에 청개구리 울음소리와 함께 들을 수 있습니다.

 ⑧ 청개구리

청개구리는 우리나라에 사는 개구리 중에서 유일하게 나무와 풀 위에서 사는 종입니다. 청개구리의 발가락 끝은 여느 개구리와 달리 빨판 모양이어서 다른 사물에 쉽게 달라붙어 이동할 수 있습니다. 또

청개구리 수컷

청개구리 암컷

자신의 몸을 보호하기 위한 청개구리의 다양한 보호색

다른 종들에 비해 주변 환경에 따라 몸빛을 쉽게 바꿀 수 있는 것 역시 청개구리의 특징이지요.

청개구리의 등은 짙은 초록색에서부터 짙은 회색과 밝은 회백색의 얼룩무늬까지 색이 다양하게 바뀌며, 배는 대개 회백색입니다.

수컷과 암컷 모두 콧구멍에서 눈을 지나 몸통 옆까지 검은색 줄무늬가 있고, 고막이 뚜렷하게 보입니다. 수컷 청개구리는 턱 아래에 잘 발달된 울음주머니가 있습니다. 암컷 청개구리는 수컷에 비해 몸집이 조금 더 크고, 울음주머니가 없습니다.

청개구리는 햇볕이 강한 낮에는 주변의 풀 더미 사이나 나무 구멍, 돌 틈 사이에서 쉬고, 저녁부터 밤까지 활발하게 먹이를 잡습니다.

포접한 청개구리

청개구리 알

청개구리 유생

갓 변태한 청개구리

겨울잠은 땅속에 들어가서 잡니다.

알의 모양과 산란 특성: 청개구리는 여러 개의 알을 덩어리째 낳습니다. 알 덩어리 하나를 낳는 경우도 있지만, 대부분 10여 개의 작은 덩어리를 군데군데 나누어서 낳지요. 청개구리 한 마리가 낳는 알은 보통 100~300여 개입니다.

청개구리는 논, 습지와 같이 고인 물에 알을 낳고, 주변의 물풀이나 풀뿌리, 죽은 식물의 줄기 등에 한두 개 또는 십여 개씩 알을 붙여 둡니다. 청개구리의 알은 크기가 작고, 은밀한 곳에 흩뿌려져 있기 때문에 발견하기가 쉽지 않습니다.

유생의 생김새: 몸통은 둥글고, 꼬리가 몸통의 약 1.5배로 다른 종에 비해 짧습니다. 꼬리에는 흑갈색의 작은 반점

이 군데군데 흩어져 있지요. 올챙이를 위에서 보면, 콧구멍은 윗면에 있지만 눈은 머리 양쪽 옆으로 나 있습니다. 물이 나오는 기문은 몸통의 왼쪽을 향해 나 있으며, 항문은 오른쪽을 향해 뚫려 있습니다.

성체의 크기: 몸길이 2.5~4.5센티미터

번식기: 4월 초~6월 말

분포 지역: 제주도와 울릉도를 비롯한 우리나라 전 지역에서 살고 있습니다. 특히 농경지나 습지, 하천 주변 풀숲, 논둑에서 쉽게 볼 수 있습니다.

울음소리: 청개구리의 울음소리는 높게 '꽥, 꽥, 꽥' 하는 소리로 들리거나 '꽥, 꽥, 꽥'을 여러 번 리듬감 있게 반복하는 것처럼 들립니다.

⑨ 수원청개구리

수원청개구리는 경기도 수원시 농촌진흥청 주변에서 1980년에 발견된 종입니다. 청개구리와 비슷하게 생겨 겉모습만으로는 두 종을 구

수원청개구리 수컷 (사진 제공: 장환진)

별하기 어렵습니다. 그러나 번식기에 울음소리로 구별할 수 있는데, 수원청개구리 울음소리가 청개구리의 울음소리보다 낮고 날카롭기 때문입니다. 유전적으로도 수원청구개리가 청개구리와는 다른 종이라는 사실이 확인되었습니다.

수컷 수원청개구리는 청개구리와 마찬가지로 턱 아래에 잘 발달된 울음주머니가 있습니다. 주변 환경에 맞추어 몸빛을 다양하게 바꿀 수 있는 것 역시 청개구리와 닮았습니다.

알의 모양이나 산란 특성 그리고 올챙이의 생김새 등에 대해서는 알려져 있지 않은데, 연구자들은 청개구리와 비슷할 것이라고 말합니다.

성체의 크기: 몸길이 2.5~4.5센티미터
번식기: 5월 말~6월 말

분포 지역: 경기도 수원시 농촌진흥청과 인천, 경기도의 김포·평택·이천·파주, 충청남도의 천안·홍성, 충청북도의 충주·음성, 전라북도의 완주·군산, 강원도의 원주 등에 사는 것으로 알려져 있습니다.

울음소리: 수원청개구리의 울음소리는 청개구리와 마찬가지로 '꽥, 꽥, 꽥, 꽥' 소리로 들립니다. 그러나 청개구리 울음소리와 비교했을 때, 수원청개구리는 더 낮고 날카로워 '챙, 챙, 챙' 하는 소리로 들리기도 합니다.

⑩ 노랑배청개구리

노랑배청개구리는 2016년 수원청개구리의 분포 확산 연구 중 처음 발견되었으며, 신종으로 등록은 2019년 이루어졌습니다. 수원청개

노랑배청개구리(사진 제공: 장환진)

구리와 겉모습이 매우 비슷하지만, 몸과 팔다리가 조금 더 긴 편입니다.

앞발의 두세 번째 사이의 물갈퀴가 청개구리는 거의 없는 반면, 수원청개구리는 길고, 노랑배청개구리는 중간 정도 길이입니다. 번식기 동안 등은 밝은 청색을 띠고 무늬는 없지만, 비번식기가 되면 종종 진회색이나 갈색을 띱니다. 턱 아래는 노란색을 띠지요. 청개구리와는 달리 울음소리가 금속성이라 어느 정도 구별이 되지만, 수원청개구리와는 구별하기가 매우 어렵습니다.

알의 모양이나, 산란 특성 그리고 올챙이의 생김새 등에 대해서는 알려져 있지 않지만, 청개구리, 수원청개구리와 비슷할 것으로 생각됩니다.

성체의 크기: 몸길이 2.5~4.5센티미터

번식기: 5월 말~6월 말

분포 지역: 충청남도 부여와 논산, 전라남도 익산·군산·완주 등에 서식합니다.

울음소리: 노랑배청개구리의 울음소리는 수원청개구리와 거의 비슷하고, 청개구리 소리보다 더 낮고 금속성이라 '챙, 챙, 챙' 하는 소리로 들립니다.

⑪ 맹꽁이

맹꽁이는 낮에는 주로 땅속에서 지내다가 밤이 되면 먹이를 잡으러 땅 위로 올라옵니다. 그래서 번식기인 장마철이 아니고서는 좀처럼 관찰하기 어려운 종이지요. 날이 갈수록 맹꽁이의 서식지가 줄어드는 탓에 맹꽁이는 빠르게 줄어들고 있습니다.

맹꽁이는 개구리나 두꺼비와는 달리 전체적으로 몸통이 둥글고,

맹꽁이 수컷

맹꽁이 암컷(왼쪽)과 수컷(오른쪽)

173

포접한 맹꽁이

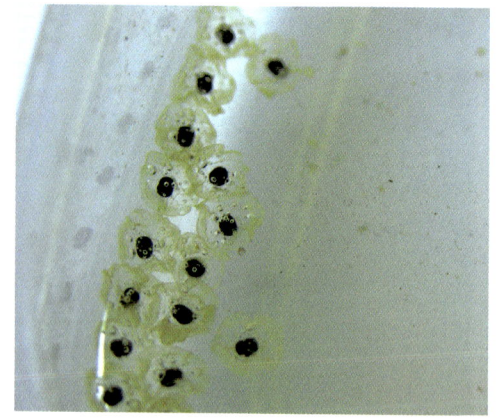
맹꽁이 알

머리가 작은 것이 특징입니다. 네 다리도 몸통에 비해 짧지요. 겉으로 볼 때, 수컷 맹꽁이와 암컷 맹꽁이는 매우 비슷하기 때문에 암수를 구별하는 것은 꽤 어렵습니다. 그러나 암컷이 수컷에 비해 조금 더 크고, 수컷에게 울음주머니가 있다는 점에서 차이가 납니다.

맹꽁이는 등에 진한 갈색 바탕에 검은색 작은 반점이 흩어져 있고, 좁쌀보다 작은 돌기가 퍼져 있습니다. 배에는 회백색과 연한 노란색 바탕에 검은 얼룩무늬가 군데군데 있지요.

겨울잠은 땅속에서 잡니다.

알의 모양과 산란 특성: 맹꽁이 알은 양서류와 달리 크기가 매우 작고, 물 위에 떠 있는 것이 특징입니다. 암컷 한 마리가 보통 30~60개 정도의 알을 낳습니다. 알은 서로 붙어 있거나 하나씩 떨어져 물 위에서 자유롭게 이동합니다.

장마로 생긴 풀밭의 물웅덩이나 습지, 농수로, 풀밭과 산이 있는 도시 외곽의 하수도관 등에 여러 마리가 모여 알을 낳고, 번식기에는 특이한 울음소리를 내기 때문에 맹꽁이가 있는 위치를 쉽게 찾을 수 있습니다.

유생의 생김새: 알을 낳은 후 하루나 이틀이 지나면 알이 유생으로 부화합니다. 맹꽁이는 장마철에 일시적으로 물이 고인 웅덩이에서 유생 시기를 보내고 성체로 변태합니다. 그래서 알이 이렇게 빨리 부화하는 것이지요.

유생을 위에서 보면, 눈은 머리 옆쪽에 있고, 물이 나오는 기문은 배의 아랫부분에 있으며, 항문은 꼬리를 따라 가운데로 향해 있습니다. 꼬리는 작은 점무늬로 얼룩덜룩합니다.

맹꽁이 유생

성체의 크기: 몸길이 4~5센티미터
번식기: 6월 말~8월 중순(장마철)

분포 지역: 우리나라 전 지역에 서식합니다. 장마철 풀밭에 생긴 물

웅덩이 근처와 농경지의 수로, 산 또는 풀밭과 이웃한 곳의 하수관, 자연적으로 생겨난 습지 등에서 관찰할 수 있습니다.

그러나 도시화와 산업화로 서식지가 파괴되어 맹꽁이의 수가 줄어 들고 있으며, 대부분 땅속에서 사는 특이한 생활 습성 때문에 관찰하기가 쉽지 않습니다.

울음소리: 맹꽁이의 울음소리는 '맹' 소리와 '꽁' 소리로 들립니다. 두 마리가 서로 다른 음높이로 울기 때문에 여러 마리가 한꺼번에 울면 '맹꽁맹꽁' 하는 소리로 들리지요.

⑫ 금개구리

금개구리는 참개구리와 겉모습이 매우 비슷합니다. 그러나 참개구리와 달리 등 가운데에 줄이 없고, 양쪽으로 금색 줄이 두 개만 나 있습니다.

대개 등은 짙은 초록색이고, 배는 옅은 금색 또는 흰색인데 이것이 금개구리의 특징입니다. 몸 뒷부분과 다리에는 짙은 초록색 또는 검은색 반점이 흩어져 있습니다. 항문을 기준으로 양쪽 허벅지에 검은

금개구리 암컷

금개구리 수컷

줄무늬가 가로로 여러 줄이 나 있습니다.

참개구리와 달리 금개구리는 물을 멀리 떠나는 일이 거의 없습니다. 그래서 겨울잠을 잘 때 빼고는 항상 물속, 물풀 위, 저수지의 가장자리 등에서 생활합니다.

금개구리는 움직일 때마다 '뾱, 뾱' 소리를 내는 것이 특징입니다. 금개구리는 번식기에 우리나라에 사는 개구리 중에서 가장 특이한 울음소리를 냅니다. 수컷의 울음주머니는 잘 발달되어 있지 않으며, 크기는 암컷이 수컷보다 두 배 정도 더 큽니다.

금개구리 알

금개구리 유생

갓 변태한 금개구리

겨울잠은 가까운 논두렁, 저수지 제방, 산기슭 아래 땅속이나 물속 진흙에 들어가 잡니다.

알의 모양과 산란 특성: 번식기를 맞은 금개구리 암컷과 수컷은 포접한 채로, 처음 알을 낳은 곳 주변을 이동하면서 작은 알 덩어리를 군데군데 나누어 낳습니다. 주로 물웅덩이와 저수지, 농경지의 물풀이 잘 발달한 곳에 낳는데, 물속에 있는 죽은 식물의 줄기나 물풀의 줄기에 알 덩어리를 붙이지요.

알 덩어리에는 60~200여 개의 알이 들어 있습니다. 알은 다른 사물에 잘 달라붙지만, 알끼리는 잘 들러붙지 않고 쉽게 떨어집니다. 알은 일주일 정도 지나 부화합니다.

유생의 생김새: 몸통은 둥근 타원형으

로, 앞쪽이 좀 더 뾰족합니다. 몸통 길이가 폭에 비해 약 1.5배 길고, 꼬리는 몸통 길이의 두 배 정도로 꽤 깁니다. 콧구멍은 눈과 입 사이의 중간쯤에 있습니다. 등에서부터 꼬리 끝까지 가느다란 금색 선이 있습니다.

유생을 위에서 보면, 눈은 머리의 옆면에 있고, 물이 나오는 기문은 몸통 왼쪽에 있습니다. 항문은 꼬리를 따라 중앙으로 향해 있지요. 꼬리 무늬는 얼룩덜룩합니다.

성체의 크기: 몸길이 5~10센티미터

번식기: 5월 중순~8월 초

분포 지역: 주로 서해안을 따라 분포하며 경기도, 충청남도, 전라남도와 충청북도 내륙 일부 지역에서 서식합니다. 평야에 있는 논 주변과 물웅덩이, 습지에 삽니다.

울음소리: 금개구리의 울음소리는 앞부분의 '딱' 하는 소리와 뒷부분의 '딱 끄르르' 하는 소리로 구분됩니다. 주로 번식기에 물웅덩이나 저수지 주변에서 들을 수 있습니다.

⑬ 황소개구리

황소개구리는 원래 미국과 멕시코 지역에 서식하는 종입니다. 그런데 양식용으로 키우기 위해 1959년과 1971년에 일본을 거쳐 우리나라에 들여왔습니다.

황소개구리는 우리나라에 사는 양서류 중에서 가장 큰 종이며, 다리 길이까지 더하면 40센티미터가 넘는 개체도 있습니다.

황소개구리 등에는 진한 초록색과 갈색 바탕에 검은색 반점이 있습니다. 배는 회백색과 노란색인데, 검은색 얼룩무늬가 군데군데 흩어져 있지요. 수컷 황소개구리는 울음주머니가 잘 발달되어 있습니다. 또 수컷은 눈 뒤쪽에 있는 고막이 눈보다 약 두 배 크고, 암컷은 고막과 눈의 크기가 비슷한 것이 특징이지요. 암컷은 몸통 옆쪽에 갈색 무늬가 있습니다.

황소개구리는 저수지나 연못처럼 물이 많

황소개구리 수컷(사진 제공: 정석환 박사)

이 고여 있는 곳을 좋아합니다. 위협을 느끼면 황소개구리는 재빨리 물속으로 뛰어들기 때문에 사람이 손으로 잡기는 매우 어렵습니다.

황소개구리는 주변에 있는 곤충뿐만 아니라 동족인 개구리와 도롱뇽, 크기가 작은 파충류와 조류까지 다양하게 잡아먹습니다.

겨울잠은 저수지와 같이 수심이 깊은 곳에서 잡니다.

알의 모양과 산란 특성: 황소개구리는 크고 둥글납작한 모양의 알 덩어리를 저수지나 물웅덩이의 물풀 주변에 낳습니다. 보통 알 덩어리 하나에 3천~5천 개의 알이 들어 있는데 큰 암컷은 한 번에 2만여 개를 낳기도 합니다. 알 사이의 점성도가 낮아서 손으로 들면 쉽게 떨어집니다.

황소개구리는 여러 마리가 모여서 번식하는 특징이 있습니다. 알을 큰 덩어리째로 수심이 비교적 얕은 곳에 낳는데, 때때로 물 위에 떠오르기도 합니다. 번식기에 수컷 울음소리가 들리는 곳 근처를 살펴보면

황소개구리 알

황소개구리의 알을 쉽게 찾을 수 있습니다.

　　유생의 생김새: 한국꼬리치레도롱뇽과 움개구리를 제외하고, 우리나라에 사는 토종 양서류 유생은 1년 안에 모두 변태를 해서 성체가 됩니다. 그러나 황소개구리 유생은 1년에서 3년이 지나야 성체가 됩니다. 그러므로 겨울철에 저수지와 물웅덩이에 사는 5센티미터 이상의 올챙이들은 모두 황소개구리의 유생들이지요.

　　황소개구리 유생을 위에서 보면, 콧구멍과 눈은 머리의 윗면에 있고, 물이 나오는 기문은 몸통 왼쪽을 향해 나 있으며, 항문은 꼬리에서 오른쪽으로 향해 나 있습니다. 몸통의 옆과 꼬리에는 황금색과 검

황소개구리 유생

갓 변태한 황소개구리

변태 후 1년된 황소개구리

은색 반점이 얼룩덜룩하게 흩어져 있습니다.

성체의 크기: 몸길이 8~20센티미터

번식기: 4월 중순~7월 중순

분포 지역: 산지가 많은 강원도와 전라북도 일부 지역을 제외한 우리나라 전 지역에 서식합니다. 육지뿐만 아니라 서해안과 남해안의 섬에서도 서식한다고 알려져 있습니다.

울음소리: 황소개구리의 울음소리는 매우 큰 것이 특징입니다. '우르릉' 하는 소리로 들리며, 이러한 소리를 여러 번 반복해서 냅니다.

⑭ 옴개구리

옴개구리는 산간 계곡, 지대가 낮고 맑은 물이 흐르는 하천 주변과 저수지 그리고 산간의 물웅덩이에서 삽니다.

옴개구리는 옅은 갈색 바탕에 짙은 갈색과 검은색 얼룩무늬가 온몸에 흩어져 있습니다. 등에는 작은 돌기의 분비샘이 돋아 있고, 짧은 줄이 세로로 여러 줄 있지요. 이 줄들은 등 중앙으로 갈수록 주변보다 길어지고, 서로 연결되지 않으며 짧은 것이 특징입니다.

몸통 옆과 배에는 작은 돌기들이 좁쌀처럼 많이 나 있습니다. 배는 흰색과 밝은 노란색이며, 뒷다리 주변에는 검고 작은 반점이 많이 있지요. 수컷은 한 쌍의 울음주머니가 있습니다. 옴개구리도 무당개구리와 마찬가지로, 자극을 받으면 등 쪽 분비샘에서 독특한 냄새가 나는 물질을 분비합니다.

겨울잠은 주변보다 수심이 깊은 하천의 돌 아래에 여러 마리가 모여서 잡니다.

알의 모양과 산란 특성: 옴개구리는 한 번에 800~1,300여 개의 알을 낳습니다. 알 덩어리 하나가 아니라 물풀이나 수생식물 등 여러 곳에 30~60개씩 작은 덩어리로 나누어 낳는 것이 특징이지요.

　　옴개구리는 주로 연못이나 습지처럼 고인 물에 알을 낳는데, 흐르는 하천 가장자리와 같이 물살이 약한 곳에 낳기도 합니다.

　　유생의 생김새: 머리는 타원형이며, 꼬리는 몸통 길이의 1.5배가량 됩니다. 꼬리는 끝으로 갈수록 가늘어져 끝이 뾰족한 편이고요.

　　온몸에 짙은 갈색과 검은색의 작은 반점이 흩어져 있는 것이 특징이며, 꼬리에도 작은 반점들이 있습니다. 주둥이 주변에도 얼룩무늬가 있어 다른 유생들과 쉽게 구별할 수 있습니다.

　　유생을 위에서 보면, 콧구멍과 눈은 몸의 윗면에 있고, 물이 나오는 기문은 몸통 왼쪽에 있으며, 항문은 오른쪽을 향해 나 있습니다.

포접한 옴개구리

옴개구리 알

옴개구리 유생

성체의 크기: 몸길이 4~5.5센티미터

번식기: 4월 말~5월 말

분포 지역: 제주도를 비롯한 우리나라 전국의 저수지, 산간 계곡, 하천 부근에서 삽니다. 특히 태백산맥 동쪽 동해안 지역의 하천에서 많이 볼 수 있습니다.

울음소리: 옴개구리의 울음소리는 낮고 탁한 것이 특징입니다. '까르르르, 까르르, 까르르' 하는 소리로 들리며, 이러한 소리를 여러 번 반복해서 냅니다.

찾아보기

ㄱ

가래발두꺼비 27
갈색만텔라개구리 55
개구린 101
거대도롱뇽과 44
거제도롱뇽 41
계곡산개구리 47, 48, 102, 111, 143~145, 147, 150~153
고리도롱뇽 37, 103, 111, 126~128, 130, 133
골리앗개구리 43
곰팡이 55
곶자왈 129
귀밑샘 34, 100, 157, 159, 160
귓바퀴 53
금개구리 47, 48, 53, 54, 61, 62, 77, 91, 103, 176~179
기관지 50
기문 49, 50, 142, 146, 148, 156, 159, 162, 165, 169, 175, 179, 182, 185
꼬리개구리 58, 59
꼬마도롱뇽 37, 41, 103, 130, 131, 133

ㄴ

나무도롱뇽 75
나무작은도롱뇽 44
나이테 97, 98
남방도롱뇽 41
남아프리카황소개구리 73
네발가락도롱뇽 19, 135, 136
노랑배청개구리 102, 171, 172

ㄷ ~ ㄹ

도마뱀 14, 29~32
독 34, 55, 89~91, 99~101, 112, 155
독샘 55, 91, 99, 100, 157, 160
독화살개구리 99, 101
돌기 87, 154, 157, 159, 160, 174, 184
동종포식 83~85
들러리 64~67
로드킬 119, 121, 122

ㅁ

맹꽁이 27, 47, 48, 61, 69, 70, 87, 88, 102, 173~176
머드퍼피 49
먹이사슬 55, 105, 106, 117
멸종 84

멸종 위기종 44

모세혈관 50

무당개구리 47, 48, 63, 89, 90, 100, 102, 154~156, 184

무미류 15, 17, 19, 21, 33, 42, 56, 58, 81, 102, 109

무족영원류 15, 16, 51, 52, 74, 75, 102

물두꺼비 47, 87, 98, 100, 102, 160~163

미생물 106, 114, 115

미주도롱뇽과(무리) 39, 44, 48, 139

ㅂ

바트라코독 99

박테리아 55, 115

변태 16, 22, 25, 106, 109, 175, 182

병원균 107

부모 행동 71, 72

부포톡신 100

부화 17, 18, 21, 22, 26, 51, 72, 73, 106, 165, 175, 178

분비샘 154, 155, 157, 160, 184

분해자 104, 105

불도롱뇽 18

붉은점두꺼비 88

브라질금개구리 44

비번식기 21, 23, 30, 36, 172

ㅅ

생산자 104

생식관 40

생태계 104~106, 109, 117~119, 122

생태계 교란 야생 동·식물 118

생태 이동 통로 119, 121, 122

서식지 25, 110, 112, 173, 176

성대 69

세력권 52

세이셀개구리 72

소리꾼 64~67

소화관 40

수리남두꺼비 26

수분유지개구리 96

수원청개구리 102, 169~172

수정 25~27, 56, 57, 59, 60

숨은의령도롱뇽 41

슈퍼라몬트동굴도롱뇽 80

ㅇ

아가미 16, 21, 22, 44, 49~51, 59

아마존알먹는나무개구리 26

아무르장지뱀 32

아프리카아시안나무개구리 26

야행성 157
양막 15
양수 15
얼음개구리 78
엑소로톨 49
영양알 26, 72, 74
옆줄 92, 93
오인 포접 63
오줌관 40
옴개구리 47, 48, 61, 100, 101, 103, 182, 184~186
외래종 110
울음주머니 69, 140, 144, 146, 151, 154, 167, 170, 174, 177, 180, 184
유미류 15, 17, 19, 22, 51, 52, 56, 60, 102, 113
유전자 27, 71
육식성 생물 104, 105
이끼도롱뇽 20, 37, 39~41, 44, 48, 103, 137~139
이베리아산엘레우트개구리 43
이베리안산파두꺼비 26
일본거대도롱뇽 44

조류 14, 15, 20, 27, 106, 117, 181
진통제 100, 101
짝짓기 30, 57, 59, 64~66, 73, 75, 92, 93

ㅊ

참개구리 25, 47, 48, 61, 81, 102, 163~165, 176, 177
체내수정 56~58, 60, 74
체외수정 25, 56~58, 60
초식성 생물 104, 105
총배설강 40, 43, 57~59
치설 79, 80

ㅋ

코키독화살개구리 99
큰산개구리 47, 48, 102, 119, 121, 122, 140~143, 150~153

ㅈ

장기이식 78
정자 25, 27, 40, 56, 57, 59, 60
정자주머니 57, 58
제주도롱뇽 37, 74, 103, 128~130, 133

ㅌ

털개구리 59
테트로도톡신 55
토마토개구리 55

ㅍ

파충류 14~16, 20, 27, 30, 32, 101, 106, 117, 181
포식자 46, 71, 73, 91, 94, 106, 117, 155
포유류 14~16, 20, 27, 106, 117
포접 60~63, 161, 178
플랑크톤 106
피식자 104

ㅎ

한국꼬리치레도롱뇽 20, 37, 44, 103, 113~115, 132~134, 182
한국산개구리 48, 102, 143, 146~153
한살이 21, 23, 110
항생제 100
허물 94~96
허파 16, 20, 39~41, 44, 49, 59, 69, 80, 113, 132
호랑이도롱뇽 80
호주로켓개구리 25
환경 지표종 107
환경호르몬 108, 109
황소개구리 25, 27, 42, 47, 72, 73, 91, 103, 116~118, 157, 180~183
흡입 넉이삽이 79, 80